U0122556

大都會風水秘典

继大師著

目錄

目錄……2
自序……3
（一）山崗、平陽及平洋城市的結作原理——都會選址原理……8
（二）四種平洋龍城市的結作……19
（三）城市都會之種類——界水止來龍之原理……25
（四）城市在巒頭上之發福長短原理——水口砂之作用……37
（五）符合吉祥風水的城市規劃法則——生氣凝聚原理
（流坑村的風水）……42
（六）城市之河道作法——水流河道之吉凶原理……51
（七）市鎮河道之「直出」與「屈曲」原理詳解……61
（八）城市堆填法……67
（九）香港填海造陸選址的風水（出書版）……77
（十）城市橋樑之作用——設計橋樑之法則……84
（十一）都會中之人造文筆塔的作法——塔之功能……90
（十二）《垣局篇》註解釋義……102
（十三）《垣局篇》跋——繼大師註解後記……122
（十四）河流對首都城市的影響（出書版）……124
後記……131

《大都會風水秘典》自序

繼大師

上古人類，居於樹上及洞穴之中，後漸漸文明，養蠶抽絲作衣裳，由打獵捕獸至種植五穀，生火作食，建房子而集居，由村落至市鎮，由縣城至省城，以至大都會城市。

人類之集居，其選址並非偶然，中國古人很重視生活環境，晉、郭璞著《葬書》，內容闡明自然界中的生氣，其所到及所止之處，得之者，諸事暢順，秦、樗里子著《風水口義》（《珍藏古本堪輿秘笈奇書》士林出版社第586頁。）云：**「生氣之乘。視風水之來去。水去則風來。水來則風去　。風來凶。水來吉。山交水會。則風藏氣聚矣。」**

陽居都會，以得生氣及來水為上，「水者」為水流或氣流所流來之方，穴上能夠迎接水氣而使凝聚，聚後生氣慢慢散去，生氣來多，凝聚時間長，散去的時間長，是為真得生氣也。

大都會的形成，是符合古人風水的法度及理論，而「得水」者，以平洋龍所結之都會格局為主，如「上海市」。

「藏風」者，以山崗龍所結的都會格局為主，亦需要得接流水所帶來的生氣，如「福州市」。

故山水二氣，左右人類的生活，山川地勢，在風水學上的專有名詞為「黃白二氣」，「黃氣」為山，「白氣」為水，不同山川，孕育各種人物，故曰：「人傑地靈」，而陽居之大都會，它有一定之結作條件，其興旺，亦非偶然。筆者繼大師把過往的經驗，寫下各種都會的風水原理，本書命名為：**《大都會風水秘典》**

內容有：山崗及平陽龍所結作之都會、都會選址原理、城市都會之種類、界水止來龍之原理、城市在巒頭上之發福長短原理、水口砂之作用、符合吉祥風水的城市規劃法則、生氣凝聚原理、現代衛星城市之河道作法、水流河道之吉凶原理、市鎮河道之「直出」與「屈曲」原理、城市堆填法、城市橋樑之作用、設計橋樑之法則、都會中之人造文筆塔的作法、塔之功能……

為使讀者更加明瞭，最後加上兩篇《垣局篇》的註解及《河流對首都城市的影響》。

本書內容，深入淺出，風水原理，解釋詳盡，是筆者繼大師前所未有的著作，此開會立都的風水理論，古人風水明師皆未曾將陽居都會述說得如此清楚詳盡，實是希有之作。非一般人所能懂，書中皆依古代風水明師之著作為立論基礎。其中有：

晉之郭璞、唐之楊筠松及卜應天、明末清初之蔣大鴻……

正是古法今用，將古人風水明師理論，重新演繹一遍，可謂「天機盡洩」。觀現今風水理論，未必依照古人法則，多以個人的知名度而被眾人所取信，更有自創新法，不著重及不依照風水形勢而修做風水，偏重於方位及方向之理氣法門而擇居選址，又立「放置風水化煞物」之理論，這些只是：「風水安心法門」

正如明末清初蔣大鴻地師在**《辨偽原文》**（《地理辨正疏》武陵出版社第 19 頁。）有云：**「以不正之術。謀人身家。必誤人之身家。以不正之書。傳之後世。必貽禍於後世。」**

雖說「各師各法」，但一般人難以分辨之，風水之學，博大精深，窮一生之力，亦未必能窮究其理，此**《大都會風水秘典》**最適合地方環境規劃人員、環境設計師、風水地師及對風水有興趣的人士研讀。

若有人依照本書內容之風水口訣，去修改及建設大都會城市內的大型風水，則有助城市興旺，剋應名人雅士，正如明代李默齋先生著**《闢徑集》《卷二》**（上海印書館出版，第182至183頁。）末段有云：

「以藩司衙署。取巽方。于琶州之間。築塔可五六層……不數載而吾廣登會狀者。可跂足待也。……天必生一特達之士。祿位高崇。精神可以驅山岳。叱吒可以運風雷。而後能為主。斡旋其間也。」

今看廣州市，其市政府建於近白雲山之南，其東南方（巽方）有琶州島，島丘頂上有琶州塔，附近正是會議展覽館場地，琶州塔以西，亦建有赤崗塔，二塔建於李默齋地師著此《闢徑集》之後約五六十年，經過三佰多年後，廣東始出孫中山先生，雖然遲一點，但始終出現，故古人明師之風水預言，有証有驗，既非迷信，亦非輕言，時間足以証明其真偽。

風水之效應，要配合三樣東西，就是：

天時 —— 大時代氣候 —— 國運 —— 大氣運，包括全世界潮流的趨勢

地利 —— 大城市風水 —— 地運 —— 地勢運，包括全世界各國最大城市的地運

人和 —— 大人物誕生 —— 人運 —— 祖墳蔭生的人物，包括全世界的傑出領袖

若得三者配合，定有一番作為。此《大都會風水秘典》以城市之整體大形勢為主，還有鄉村、市邑、祠堂、廟宇、墳場、國家元首、政要、大學學府、各政府部門辦公地方……等風水形勢，均與國運息息相關，此等學問，留待下一冊再述。

風水學問，內容繁多而廣博，要一下子明白，是不可能的，當中有較細微的風水訣法，不能盡述。筆者繼大師現將風水古法重新演繹，為了圖文並茂，故不惜花很多時間去習國畫，務求劃出風水之神髓，放在本書上，讀者閱後，定能增加在風水學問上的真知正見。

但風水學問，見仁見智，各師各法，本人不想將自己的見解強加於人，但筆者強調一樣東西，就是：

「風水學問，非筆者繼大師所創造，而是經過中國歷代無數的風水明師，一代一代傳下來，結集各代明師師經典書籍，流傳下來，本人只是暫時擔當著延續風水文化者之角色。」

風水學問，博大精深，不容易亦未必能夠全部明瞭，本人只是達到一般標準水平，風水門派既多，真假混在一起，教人難以適從，爭拗亦多，本人以下列三點，為風水立論原則：

（一）師承 —— 以呂克明先師為風水根本傳承。

（二）古法 —— 歷代風水明師之風水著作，尤以楊筠松、曾文辿、廖禹、蔣大鴻、張心言等明師之著作。

（三）經驗 —— 個人在風水名穴、廟宇、陽居等穴地的考察後，所累積的寶貴經驗。

讀者們若想深入瞭解，可從此書內之註解中，翻查古代風水明師典籍鑽研，定有所發現，若有機緣，筆者定將古人明師的風水典籍重新演繹，再加上立體地形穴位繪圖，定能更加明確。

謹以此 **《大都會風水秘典》** 一書，供養歷代堪輿真明師。

偈曰：

願以此秘典
獻與明師前
人善樂安居
物阜享天年

繼大師寫于香港明性洞天
壬午季夏初稿　　庚寅秋重修

（一）山崗、平陽及平洋城市的結作原理 ─ 都會選址原理

繼大師

城市的形成，由最初的一小撮人聚居，然後逐漸增加，擴大而發展成為一個大城市，山崗龍城市結作原理筆者繼大師述之如下：

（一）背靠群山 ── 城市是在一大片平地上，或是丘陵平坡的地勢，有河道流經在廣大平原上，其一方是大山群作靠，山群較其他方為高，是來龍方山脈。

（二）身居平地 ── 有一定大範圍的平地或平坡地，或是丘陵地勢的平原，整個都市，其主要部份是建在一個大平地上。

（三）前朝群山或島嶼 ─ 城市背靠高聳的群山，其相對之一方，遠處或近處，有群山環繞，但山脈不及背靠之來龍山群為高，這形成一主（來脈靠山）一賓（前方朝山）。若是城市臨海，必有大群島嶼，或大或小，相繼環繞，作城市的邊緣地域。

（四）城市之左右有山脈及山峰 ─ 城市若以來龍山脈為靠，其左右方有山脈守護，三面環山，若山與山之間有凹位，名為「凹峰」，凹峰外要有山峰填補，地形是三陰一空，中間是一片平地，空的一方略矮，是整個城市生氣的出入口。

山崗龍城市垣局圖

若四面群山高聳，中間平地又不大，四周高山囚困，像牢獄一樣，多是窮源之地，交通不便，鄉邑未必能夠發達，生氣不能流通，人多窮困，似避世之都。

（五）必具水口 —— 城市三面環山，宜一方略矮或緩平，至遠方始有遠山關攔，此方謂之「出水口」，其作用好比門戶之出入口，是外界交通的橋樑，能使城市興旺。水口可以是真水流或乾流，水口之外，宜有重重山脈關攔，山愈是多重，則興旺愈久。

（六）有界水止來龍 — 城市之高山群一方，是來龍脈氣方，其結聚要透過河道，把山脈地氣止住，就是界水止來龍的道理。古今建都立城，必須有食水以供飲用，「界水」是食水之源，關係極大。若城市臨海，亦以海為界，但必須有河流迂迴穿過其中地域，再流入大海。

山崗龍城市垣局

以上六大點，是結都市、城市、市邑、縣城、及鄉村……等之首要條件，若城市平地範圍廣大，水流粗濶，屈曲有情，則結大都會，小則結縣城及鄉村不等，視乎水流的長短及地方大小而定，最好其城市之大小與群山的高度、遠近成正比例，山高則地域大，山矮則地域小。

若在平原上，附近無高山，只要有少許橫長的山丘就好，這是「平陽地」，其原理與平崗地相若。若平地沒有任何山丘，只有水流，這即是「平洋地」都會之格局。

「平陽地」與「平洋地」差不多，只看水流與山丘的比例多少而定。

「平陽地」其重點是：

（一）平原上有小山丘 — 一大片平原上，周邊稍遠處地區有群山出現，人們聚居在平地上，有山丘出現在後方，作為城市的靠山。如中國的北京城，背靠景山（相傳景山是人工堆造）。

平陽龍城市垣局

（二）平原上有湖泊 —— 平原都市之結作，以得水為上，湖泊是眾水流流入之所，然後由他方流出，亦可作蓄水之用，生氣源於水流而動，入至湖泊上，則水氣必凝聚，生氣交融，有山峰或山丘為靠，湖泊為朝，「背山面水」，為理想聚居之地，如澳洲坎培拉市（Canberra）。

「平洋地」是：（一）有兩水或三水相遇而交，這大部份是平原之都市結地，一般說來，平原無山，必有風吹，何以能氣聚呢？原來，平地雖然無山，但有水流，水所界之處，風不吹散，能止散氣之風，使八風頓息。

古人認為，平地有風，而水流流動，其上空有空氣流動而成為風，平地上的亂氣流，一遇上水流上空的氣流，便會加入這些氣流而順着它流動，故在平地擇地而居，以水流為靠，使風不能穿越水流，不被亂氣流所吹。

（二）平地無山丘，多支的水流相交，滙入一主要河道而出，突然作大迴環地屈曲，屈曲之處，則生氣凝聚，如中國的上海市。大聚大居，小聚小居，水流的大小要與平原之地域範圍成正比例，大小的結作，依此定形。

平洋龍垣局

平洋龍城市

（三）一大片平地上，沒有任何山丘，只有水流在四周環繞，其覆蓋範圍稍廣，水流環繞的地方，就是一個城市，如中國的合肥市。

另外一大片平地上，在下雨時，雨水流去低窪地區，自然產生水流，流水若作「之」字形而行，生氣就在屈曲水流之間。若是「平陽地」地形上所結的都會，多有大水流在左右相交，若成一條多曲甚至九曲的大流而去，發福必定久遠。

所有大都會，筆者繼大師發覺它們有共通的原理，就是：

天門開 ── 來水方為天門，其範圍雖然未必廣寬，但來水水流流量要多，且要見到。

地戶閉 ── 去水方為地戶，要看不見，要隱蔽，有關攔，或灣環不見，在羅城內不見去水，（「羅城」指環繞城市平地內的山脈。）生氣始能凝聚。

在秀水四九老人著**《平洋金針》《論龍第一》**（《相地指迷》武陵出版社第 139 頁。）有云：**「至于平洋，則即以水為龍。余每觀城市之中。初無遠來地勢。惟有支大水咸來交會。環繞以作城郭。布列以作星垣。而烟火萬家。百世不替。豈非水城環匯。生氣自聚乎。」**

平洋龍結穴圖

此段是說明平洋地以江、河、溪等水流為龍，平地若有大水或小水交會，或四週有水流環繞，水流作為城垣的界，是結作平洋城市的主要因素。

楊筠松先師著**《都天寶照經》〈上篇〉**（見**《地理辨正疏》**武陵出版第 198 頁末行至 199 頁）云：**「二水相交不用砂。只要石如麻。更看硤石高山鎖。密密來包裹。此是軍州大地形。細說與君聽。」**

在蔣大鴻先師之註解中（**《地理辨正疏》**武陵版第 203 頁）云：

「楊公唐末人。唐之言軍州。猶今之言郡縣也。蓋以軍州為證。見城邑鄉村。人家墓宅。凡落平洋，並不論後龍來脈。但取水神朝繞。便為真龍憩息之鄉。」

此段皆言明鄉村城邑、郡縣、城市等地，不論在平原大地或山丘之地，兩水交滙後，小水入大水，大水又收小水，這種情況下，則可以不用砂（即不用山丘或山脈）作關攔，其生氣自然凝聚，若有水城環繞，其去水方有硤石，或大麻石矗立（矗音畜——高聳之意），或眠臥着水邊，或在水中央，而且密密麻麻，重重包裹，此則結大都會城市。若水口星辰層數眾多，則發福久遠，不論後方來龍氣脈，只論水的「之玄」，或作九曲而去，則城市更為興旺。

不論山崗及平陽所結的都會，若有以下的情況，是不能夠大大興旺的，筆者繼大師茲述如：

（一）都會雖然三面環山，但去水口之一方濶蕩，沒有山脈或石峰作關攔，水去不迴環，初居住的人，其後代多離鄉發展而去，初興旺，後漸息微。

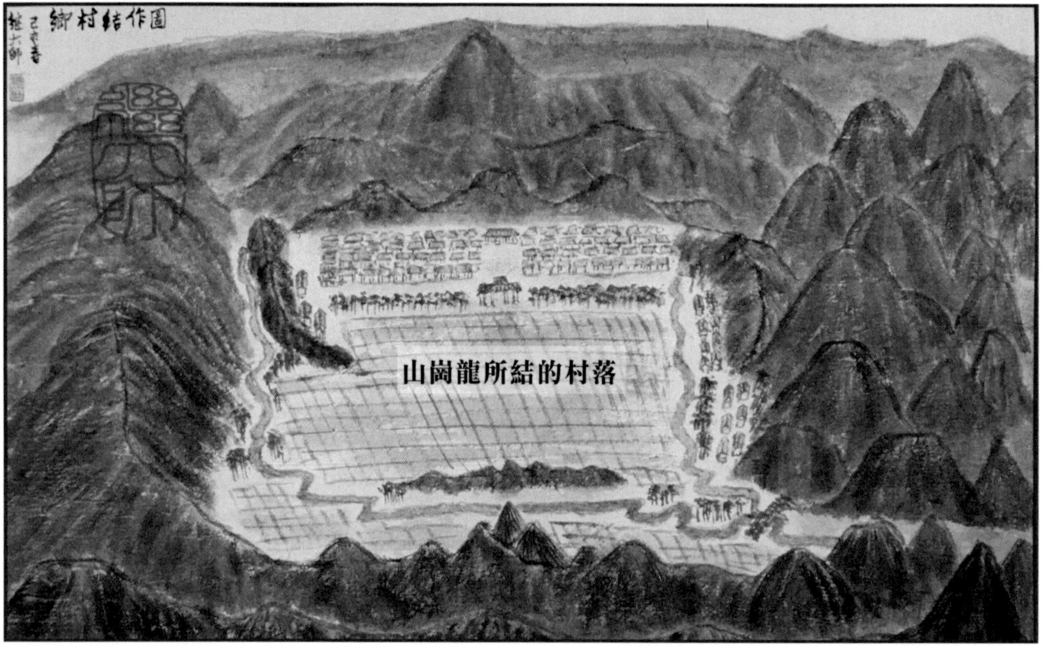

山崗龍所結的村落

（二）若有鄉村，前後高山相對，中間平地少，地形陡斜，是峽地，且有水流在深坑中，人聚居于山腰間，對面山峰迫近，雖然可以成為小村莊，但因地勢關係，常有峽風吹來，坑水常流，生氣不聚，人多貧窮，由於兩山相對，沒有堂局，故逼狹，有志難伸之象。

在大山大嶺內兩山中間深坑上的峽地側，又像峽谷地形，雖然中間有坑水可供飲用，但生氣難以凝聚，這種地勢，川藏地區亦有出現此等村莊，筆者繼大師曾見過一則新聞報導，川藏地區的多條村莊，在一夜間被冰川所融化的雪水摧毀，死傷嚴重。

（三）內陸的市邑雖然三面環山，一面是對外的出入口，若市邑建在一塊高地上（昂平地勢），雖然是平地，若出入口是連接險峻的山崖，對外交通困難，自成一國，仿如世外桃園，入到其中久住，則不想離開，離開後又不想回來，適合隱居生活，故不能大大興旺，在現代來說，可建高速公路，或建機場，使對外交通開放，經濟自然有所改善。

日本南都留郡富士河口湖町 - 淺川垣局

（四）市邑雖然具備結作都市的條件，但若三面環山，一面是海，沒有小島關攔，山脈巖巉帶石，頑劣無情。又或草木不生，或半帶沙漠性質，或水源不足，或天氣乾旱，降雨量不足，這樣情況下所結的市邑，屬於凶頑無情之地，出人凶悍好鬥，應小富而重權，或缺乏良好經濟，以致走上發展賭場的事業，如美國拉斯維加斯賭場（LasVegas）、法屬的摩洛哥賭場（Monte-Carlo）等。

以上各點，除本身受地勢影響外，天氣及溫度均有重大影響，而城市內之地域大小，與眾山所圍繞之大小成正比例，中間平地愈大，則所結的都會愈大，相反，平地小，則是鄉村的結作。

在**《地理囊金集註、記師口訣節文》**第 62 章（武陵出版社第 312 頁）有云：

「師曰。五星九曜行體。出身帶從護送徑。到湖海江河邊畔。諸山朝迎。遠水會停羅城。山砂重重叠叠。城門水口。石獸交關。局面團潤者。作為京畿吉所。其狹者。作為州郡官居。」

日本河口湖町 - 淺川垣局

此段經文，筆者繼大師說明如下：

（一）有來龍——山脈有主脈及護從山脈，高山成群，是城邑的靠山，防止風雨侵襲，有保護作用。

（二）有湖海江河，把山脈龍氣界止。

日本淺川富士山下垣局

（三）有諸山在對面朝迎，山脈重重，水流「之玄」圍繞九曲而去，各處遠山成為都會的羅城，市邑自成一局。

（四）有水口流出，稱為「城門」，有石荀出現，倒插地上似神獸，謂之「北辰、羅星」，關鎖城邑生氣，並作保護。

最後四句之意思，是說明平地局濶，地域大則結大都會，局狹則結州郡或縣城。

此等陽居所聚結的都會，並不是獨立一所陽宅的結作，而是「什麼地方能成為陽宅聚居地呢？」此即是「都會的選址」原理，是大陽宅風水的高深學問，是筆者繼大師對陽宅都會的體會，古今明師極少那樣詳盡的闡述，亦是極秘密的口訣心法，一般人論個別的陽宅風水容易，至於此等大陽宅聚居地的風水地理口訣，知者甚少。

古代風水地理書籍中，以**《地理人子須知》〈卷一下－龍法〉**（乾坤出版社第36頁。）中有詳論帝都之說，並將由伏羲氏至明成祖時代之間，把各國朝代中之建都所在地，及在位時間都有列出，並說明：

「帝都必合天上之星辰垣局，如：紫微垣、太微垣、天市垣等局，當中皆有帝座而能成為帝都（即現今的首都）**。楊公說，少微垣，是士大夫、權貴、天帝文章之府。天苑、天園等垣局，是天子養獸植菓之所，雖有垣局而無帝座正位，地形縱使合局，亦非統一寰宇，享有久遠所在之都。」**

至於天上星垣的看法，繼而配合地形之「相都大法」，筆者繼大師目前自認未懂，只從地勢格局而論，或許此等高深地學恐怕已失傳，或許在古籍中略有提及，而「在天成象。在地成形。」一此語非虛妄。

湖南鳳凰城垣局

宇宙之大，無奇不有，筆記繼大師自認才疏學淺，此等高深學問，非我輩人等能知，若能熟讀天文、地理、歷史、風水等學問，從歷代之變化去鑽研，或許會得到一些心得，也許花上一生之精神時間，也未必能窮其理。自嘆一歌曰：

帝星垣局天機秘。
誰能建都覓地。
悠悠蒼天空碧海。
自問學淺疏才。
今時建都自然居。
何來覓地臺。
古來軍州今何在。
桑田化滄海。
嘆一聲。縱是帝都運豈長。
成壞無常。
想一想。世上難遇桃源地。
除是蓬萊。

《本篇完》

（二）四種平洋龍城市的結作

繼大師

「平洋地」是指沒有出現任何山丘的一大片平地，其中有眾多水流穿插其間，當水流彎環屈曲地流動時，水流把地上生氣圍繞着，形成一個垣局，水流如城牆，屈曲的流水，好比山崗龍城市四週環繞垣局的山脈，一層山脈，等於一條屈曲的流水，一山一水，一陰一陽，各有所管。

平洋結地，無論城市或是陰陽二宅所結的龍穴，其原理筆者繼大師解釋如下：

（一）水流好比龍脈，故名「平洋龍」或「水龍」，水流以屈曲、彎環為吉，五行之中，以圓形及半圓形屬金，以方形屬土，以波浪形屬水，為平洋龍巒頭上之三吉水。以直長的水流屬木形，三角形屬火形，木、火形之水流皆屬凶格。

（二）以大水流為幹龍，帶着一股生氣而來，為「來氣」。因為水流屈曲，生氣凝聚其中，為「聚氣」。然後水流流走，生氣漸遠離而散去，為「散氣」。

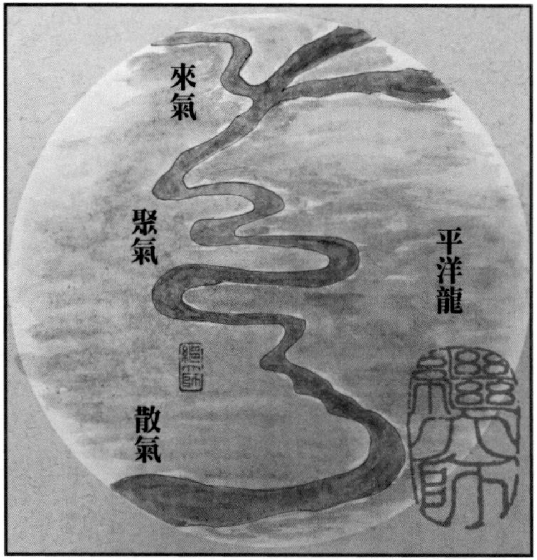

我們只要活在「聚氣」之處，自然諸事皆順，但在一大片平地上，要懂得平洋水龍點穴之法，必須得明師親授，以筆者繼大師多年研究的經驗，得知平洋龍城市的結作有四種，茲解釋如下：

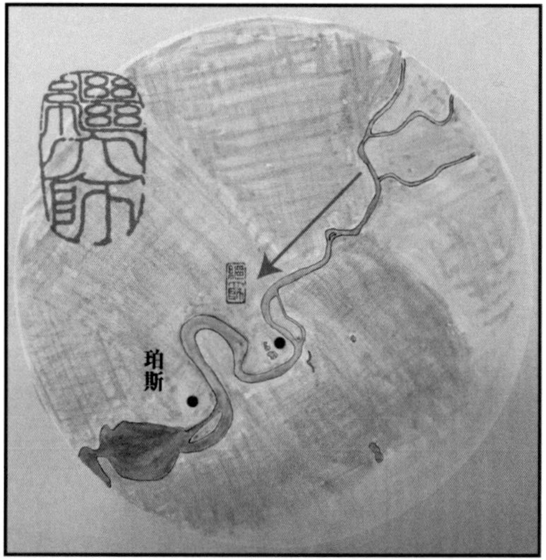

河水長流突然屈曲所結之都會

（一）河水長流突然屈曲所結之都會 —— 河水或江水水流從很遠而來，臨近到海邊之處，水流突然屈曲數個大灣，經過大灣之後，然後稍直略帶屈曲而出大海，在水流突然屈曲數個大灣的地區，或有小水支流滙入大河主流，這些地方便是城市都會的中心區。

生氣來 — 河水遠道而來為「來氣」。

生氣聚 — 水流突然屈曲為「聚氣」，為城市都會的中心區。

生氣散 — 稍直略帶屈曲出大海為「散氣」。

如澳洲的珀斯，法國的巴黎，泰國的曼谷，英國的倫敦。

（二）兩水相交所結之都會 — 兩條水流分別在同一大方向遠道而來，臨近到海邊之處，兩條水流相交，合成一條大水流，然後迂迴曲折地流出大海，兩條水流相交前的中間陸地地段範圍，便是城市的中心地區，地氣被兩條水流關鎖着。

生氣來 — 兩條水流分別從遠道而來，水流源遠流長。

生氣聚 — 兩條水流相交，合成一條大水流，兩條水流中間的陸地，便是地氣凝聚的地方，是為城市都會的中心區。

生氣散 — 水流相交後，合而為一，流入大海，生氣慢慢散去。

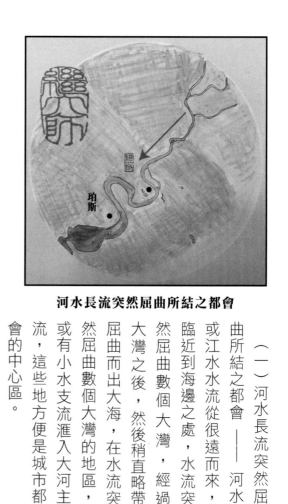

如美國紐約市，美國首都華盛頓市，法國的巴黎，中國的上海，中國臨沂市。

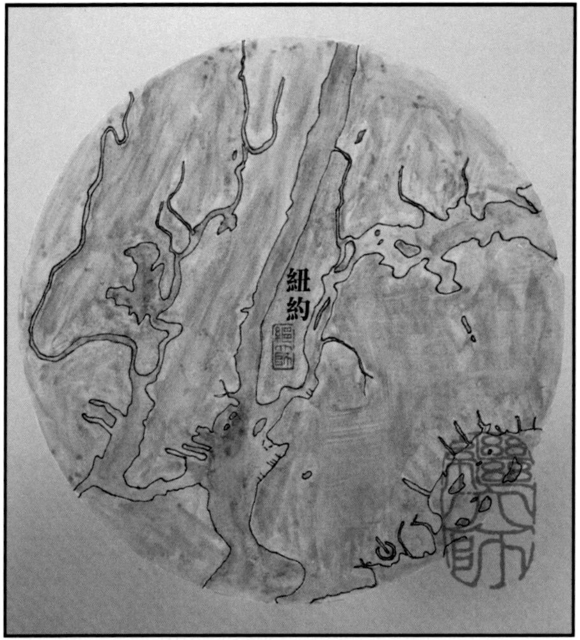

兩水相交所結之都會 - 紐約

（三）四週水流環繞所結之都會 —— 在一大片平地上，水流從遠道而來，到了一處，突然屈曲形成半個四方形的形態，又有半連半斷的水流配合，各水流合共形成了一個頗大範圍的四方形或帶圓錐形的水流，然後略屈曲而去，在這水流所環繞範圍的平地內，就是一個城市，如中國合肥市。

（四）支水插入幹水所結之都會 —— 在一大片平地上，有主幹水流從遠處屈曲而來，有數條斷流支水插入主流，斷流支水稱之為「息道」，例如有四條斷流支水插入主流，若各斷流支水最中間的平地較大，其左右兩邊息道支水略屈曲包裹，並作左右龍虎護砂，該平地後靠主幹水流，三面水流環繞，中間的一片大平地，便是平洋都會城市的中央。

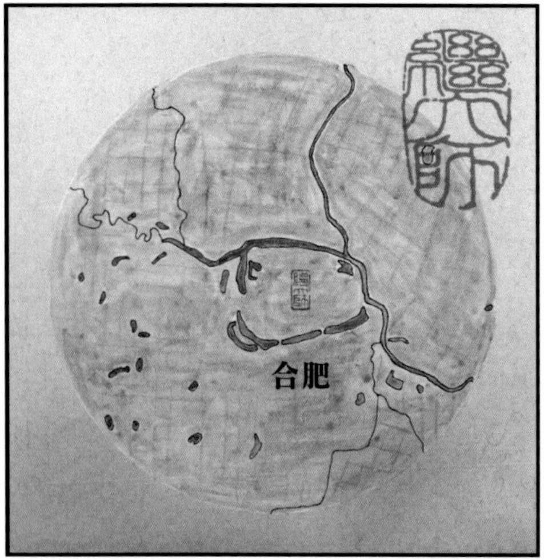

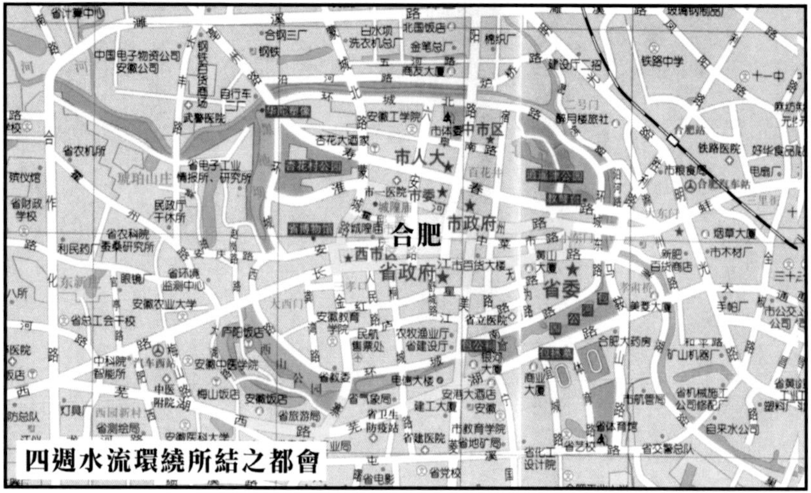

四週水流環繞所結之都會

畢竟這種聚氣的平地垣局出現較少，筆者繼大師認為一般大多數出現於陰陽二宅之結穴上，甚少以都會城市的形式出現，不過出現這種屈曲支水插入幹水的地形，通常會集其大成，以多種形態出現，亂中有序，彎環屈曲，尤如網狀，像澳洲的黃金海岸地形，希望島（Hope Island）就是這種平洋龍所結的城市。

平洋龍所結的城市，筆者繼大師認為它是屬於低地，接近海邊、河邊或湖邊，故濕氣很重，容易患上風濕病，若遇上海嘯、颱風、強烈季候風或突變的天氣，容易發生水災，若是作渡假酒店的形式暫住，亦未嘗不可，但不適宜作長期居住。

在美國的密西西比河（Mississippi River），位於北美洲中南部，是北美最大的水系，流域面積約為 300 萬平方公里。它也是北美最長的河流，起源於美國明尼蘇達州（Minnesota）西北部海拔

446 米的艾塔斯卡湖（Lake Itasca），流經美國中央的大平原，向南行，到底龐恰特雷恩湖（Lake Pontchartrain）的南部，河水迂迴屈曲，由西至東行，為美國路易斯安那州（Louisiana）的南部，結了新奧爾良市（New Orleans）城市，然後河水往東南方流入墨西哥灣。新奧爾良市是密西西比河（Mississippi River）最接近盡頭地方所結作的平洋龍城市，亦是爵士樂的發源地。

密西西比河（Mississippi River）的最長支流密蘇里河（Missouri River）的源頭在雷德羅克湖（Red Rock Lake），全長 3767 公里，如按照密西西比河（Mississippi River）的支流 — 密蘇里河（Missouri River）的源頭計算，則全長為 6021 公里，居世界河流的第4位，其流水所覆蓋的範圍可以作為美國中西部的分界。

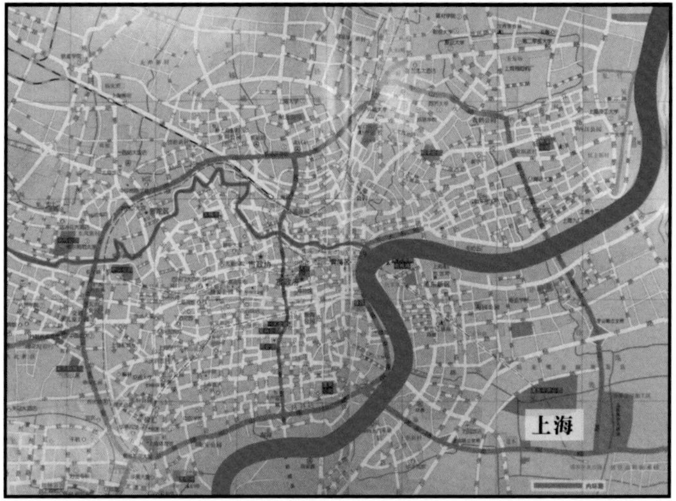

雖然新奧爾良市（New Orleans）是密西西比河（Mississippi River）接近盡頭地方所結作的平洋龍城市，但由於地勢較低，每年經常水浸三至四天，於2017年8月底，颶風哈維（Harvey）登陸美國德州（Texas）第一大城市休斯敦（Houston），發生洪水圍城災難，不少地區為數約以十萬人遭洪水圍困，此次水災，令 200 多萬人受到威脅。

在2005年8月尾，卡特琳娜颶風（Katrina）登陸新奧爾良（New Orleans），同樣發生水災，受災災民約有十多萬人，筆者繼大師的一位同學住在這裏，為避開水災，照往年一樣，全家駕車離開數日，以為回來後便會水退，怎知全屋被水所浸，引致嚴重損失。所以平洋龍在近海邊所結的都會，居住者頗要小心了。

平洋龍所結的都會，其好處是大部份都是經濟較好的城市，是「得水為上」也，不過容易受到水災、風災所損，一利一弊，若能預先做好防備設施，則可以降低受損程度，若喜歡水上活動的人，則適合居住，無論如何，平洋都會以水流為生氣之來源，能得水及得到生氣，則得財也。

美國加利福尼亞州福斯特城

《本篇完》

（三）城市都會之種類 —— 界水止來龍之原理

繼大師

大凡一個城市，必然是山水交匯之地，它在風水地理上，必有它的結作條件，城市之風水形態，可分為兩種，筆者繼大師現解釋如下：

（一）山脈多於平地 —— 城市四週山脈多，平地少，三面環山，或臨大海、大湖、大江、大河，中心是平地，當中有小山丘或平坡，平地中有水流經過而流出大海、大湖、大江，或城市中心是內海、內湖，或是有大水流屈曲而過，三面或兩面有高山環繞，群山與內海或內湖之間是平地，人們聚居於平地上。

這種是山脈多於水流之都會結作，稱之為「山崗龍格局」。

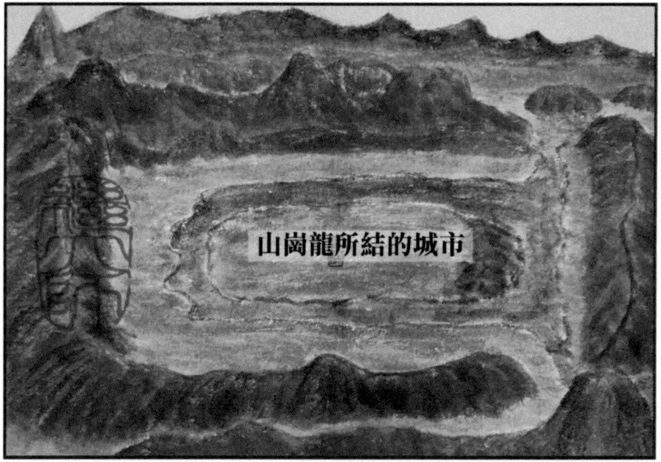
山崗龍所結的城市

（二）平地多於山脈 —— 城市平地多，山脈很少，平地上出現零星的小山丘，水流亦不多，大部份是平地或平坡地，一方是內陸，一方是臨大海、大湖或大江，人們聚居其中。

這種平地多於山脈而水流不多之都會結作，稱之為「平陽龍格局」。

（三）另一類城市，它是屬於平地性質，完全沒有山脈，連山丘也沒有，但河流眾多，平地廣闊，有大江或大河作主流，又臨近大海，是水鄉或水都。

平洋龍所結的城市

這種全屬平地地形，而水流眾多之都會結作，稱之為「平洋龍格局」。

無論「平洋龍」或「平陽龍」所結作之都會，屬於同一類形之結作，因其地勢同屬於平地之故。

明末清初蔣大鴻地師著**《天元餘義》〈龍法辨〉**（註一）（《地理合璧》集文書局印行第569頁。）其中云：

「龍者借名。某實言氣而已。謂地為龍者。亦以地氣之變化莫測言之。蓋地之為氣本一。而氣之發用多端。予特疏其名而定為三格。一曰高山之龍。一曰平崗之龍。一曰平原之龍。」

尾段（《地理合璧》集文書局印行第573頁。）又曰：**「凡此三格。龍法已備。楊公曰。山上龍神不下水。水裡龍神不上山。其義如此。然山穴雖不取水。或水大于山。有時亦為水神所制。必待水局旺元而發。平崗之用水。則與平原無以異也。由此言之。雖名三格。實二格耳。」**

此段說明三格之龍為高山龍、平崗龍及平原龍，高山龍以山脈龍法為主，平崗龍中，其四週極遠處範圍有高山，然而亦以平地為主，雖平地中間有小山丘或山崗出現，而與平原龍屬同一類，故蔣公只說山龍及水龍二格。

界水止來龍所結的城市

無論以山龍為主，或以平地為主，所結的都會，它必定有來去水方，高處為來水或來氣方，低處是去水方，若是平原都會，則近海或近湖之一方是去水方。

凡是都會，必然是龍氣所止之地，龍氣能止，必然要遇上界水然後才止，水小則氣止得薄，水大則氣止得厚，若以山龍而論，筆者繼大師現闡釋其原理如下：

山龍由內陸中最高之山群而起，其排列不定型，水流依附其中，由高向低流，其後盡於大湖大江，最後必盡於大海，所以大湖大江能止山龍之氣，而大海洋則把山龍之氣全止盡。

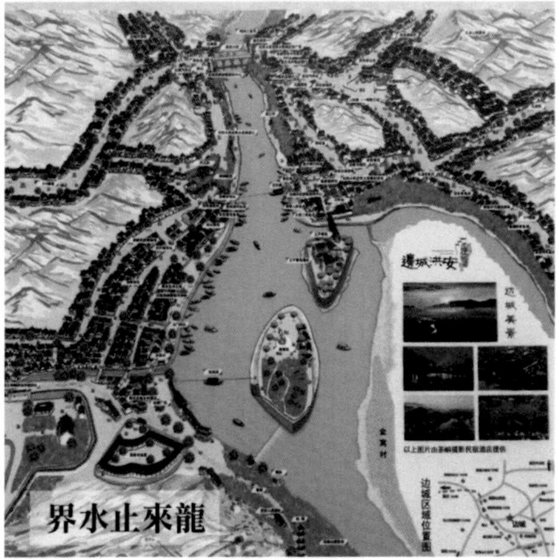
界水止來龍

城市垣局

故此，凡觀世界所有大城市，多必近海，又為海路交通要道，但以山水的屬性而言，結於內陸的山龍格局都會，多應權力為主，而山龍格局結於臨海的都會，多應財富為主，故多為金融中心之都會，但亦有例外。

以龍氣之厚薄而言，大海止盡山脈之氣，故深而厚，發得大，而近大湖或大江之都會，其山脈脈氣亦有「大止」之勢，筆者繼大師認為要視乎其來龍之遠近及長度而定，這種尅應，以城市發福之大小而論，並非以發福的長短而論。

水龍所結的都會，其發福之深淺與龍之長短有關係，但水龍格局之都會，其中必有一條主要河流，眾多支流為輔助。平洋地結作的都會，雖然河流眾多，而風水學上有「界水止來龍」之理論，究竟河流是否屬於「界水」呢？

在山龍之脈氣上，有大河大江橫過其中，若有灣環之勢，則龍氣稍止，而平地之地氣，則要視乎水流而定，筆者繼大師參照楊公著《撼龍經》的口訣，若兩水順行，其中間處，正是大地山脈所行經之地方，不過因水流之流動，便顯現地氣所流動的痕跡，這指水流引導平地上所流動的脈氣而言，非指「界水止來龍」之結穴形態。故此觀察水流，可得到兩種顯示：

（一）兩水流于平地上，脈氣在中間，以流水之姿態去決定脈氣之踪跡，這指水龍之行龍而言。

（二）一條大河流出現于山脈和平地之間，既可暫止山脈之氣，又能引導平地脈氣而行。若是山崗龍在平地上所結的都會，遠方來龍是群山環繞，而大河流把群山脈氣稍止，然後出現一大片平地，對面遠處有山群來朝，於是，在群山與大河流之間的兩邊平地，就是一個都會，不過條件是要「三閑一空」，然而這水流顯示把群山的來龍止於平地上，並結出城市垣局。

三閑一空之城市

但是，無論山龍或水龍所結之都會，能止山脈或平地中之土氣于一方，就是大湖、大江或大海之出現，蓄止着大地的地氣，筆者繼大師認為地方範圍大，則結大城市都會，地方範圍少，則結市邑或鄉村，而在「水」的止氣方面，又以大海為最，能盡止內陸的土氣，而大湖次之，大江又次之。

以上所論，就是「界水止來龍」的原理，但若龍氣被湖、江所止，脈氣又如何繼續前行呢？筆者繼大師根據古籍所說，原來脈氣若被界水所止，如果有石塊群出現在水中，有相連的痕跡，且有行進之勢，則地脈以石脈渡水而繼續前進。唐、卜應天著**《雪心賦》**（竹林出版社出版）（註二）**《卷二》**，11頁末云：**「石骨過江河。無形無影。」**

由於山脈之氣到了湖、江或海，山脈就看不見蹤跡，若然對岸有脈，若龍脈由水底而過，其條件是有石脈在水中，或明或暗，若不依此原則，很難看出去脈之行踪。筆者繼大師在勘察長洲島嶼地形時，老一輩的村民說，以前南大嶼山下徑與長洲島嶼北的大貴灣，其中間海域曾出現石塊層，每當海水退潮時，在岸邊清楚可見，後因在退潮時水淺而引致航道危險，故政府把石塊移除，這就是「石骨過江河」的有力證據。

平洋龍都會之一

平洋龍所結的城市

平洋龍都會之二

在內陸中的山脈，當形成城市結作條件之後，其水流及山脈是不停地前進的，由於山河大地是相連的，尤如網狀，水流只有一個大方向而去，就是「水向低流」，全歸於汪洋大海之中，而海底裏亦有大山大嶺，若高于海面，便形成島嶼，地方若廣大，便形成大洲，筆者繼大師研究所得，當地方形成三面環山，一面略低，中心是內海，那麼就形成城市都會的條件了。

又由於此種條件具備，但地點又在沿海一帶，那麼，它的位置必然近大江大河之側旁，換句話説，在大江大河出海口處附近所結的城市，其福力必大于在內陸所結的城市，此「福力」是指財富而言，故多成為經濟旺盛的城市。至於內陸所結的都會，因山脈多而高聳，山龍氣脈必盛，因此所結的城市，多是人丁旺盛，或是權力集中之地，這是山與水的性質不同所致。

但亦有例外，如水龍結地，左右有火形星作曜星，前方有橫水作案，案後有火形水池作官星，而在穴上不見其火咀，則官曜之星為權力。

由於內陸山脈地勢分佈不同，不同形態的山脈孕育出不同的地靈之氣，所蔭生的城市，力量大小不一，其山脈地氣往往因元運不同，其興旺情況，彼起此落，以致地區山頭主義出現，各據一方，加上人為因素，分爭由此而起，都會的形成，其福力大小不同，此非偶然。

無論如何，山脈及河流的大小、長短等，都影響著城市發福的大小和長遠。筆者繼大師補充一點，平洋地所結作的都會，由於沒有山丘出現，又有水流佈注其中，而平地沒有山峰作靠及守護，那麼水流在平地中行走，而此種都會，就是以水流彎環圍繞，內裏生氣蓬勃，以水作靠，其原理剛剛與山龍原理相反。

換句話說，只要在一大片平地上，出現類似正方形或圓形或圓椎形的水流環繞著，若有一處方位，沒有水流流過，就是地氣流經之地，眾水流環繞的大平地範圍內，會形成一個都會，這三面水流環繞，就等同山崗龍中有三面環山所結的都會，其道理相同。

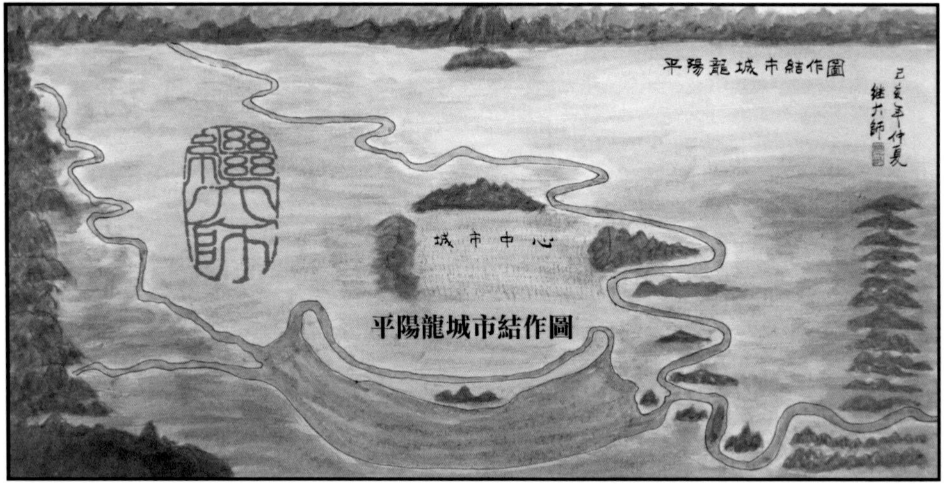

山崗龍所結的都會，其一面是低地，正是水氣的出口，而平洋地所結的都會，水流環繞下，筆者繼大師認為兩截水流間的平地，是地氣的出入口，剛好一山一水，一陰一陽。在**《水龍經》《卷三》**－**〈水群肖像格說〉**（武陵出版社第161頁。）（註三）云：**「山郡以山為龍。水郡以水為龍。」**

又在蔣大鴻著**《黃白二氣說》**（《地理合璧》集文書局印行第606頁。）（註四）云：

「故水欲其界。界而平直。止止復行。故水欲其圜（繼大師註：音環，圍繞也）**。我穴其圜。左右並歸。若水斷際。反為水源。黃氣為眾水所拘。遇斷得門。黃氣從門而出。無所得獲。不出則旡**（無）**所不獲。」**

（《地理合璧》集文書局印行第607頁。）又曰：**「故大江大湖之旁。外氣內氣。交橫于此。建都立邑。置宅安塋。參量均衡。有不廢。非獨水也。」**

筆者繼大師在這裡說明數點：

（一）平地上有數條水流（白氣）橫截，而土氣（黃氣）遇水流橫截便止，止後又復前行，前行又止，多止則土氣住，氣住多次，則氣愈是厚聚。

（二）水流若在行進間有分支，其支水斷流，則其斷之水流反而成為水之源頭。

（三）若有水流，其支流是斷流，平地中有兩斷流相隔不遠，則兩斷流之間，反而成為地氣行經之地，所以是「土氣之門」，即是「黃氣之出口」，正如**《黃白二氣說》**（《地理合璧》集文書局印行第606－607頁。）云：

山崗龍盡結之都會（摩納哥）

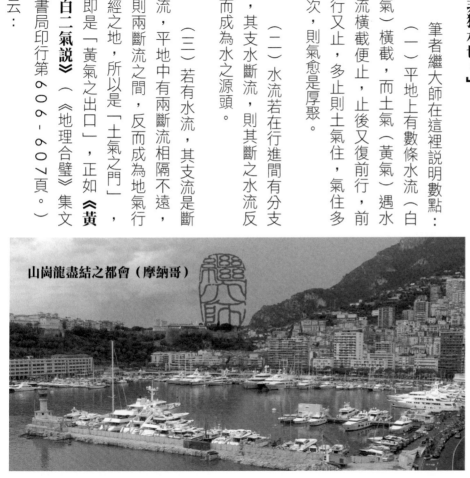

「黃氣為眾水所拘。遇斷得門。黃氣從門而出。」筆者繼大師認為這與兩山丘之間有水流流出，為出水口之地，其形勢剛好相反。這即是：

土氣（黃氣）出氣口 —— 平地上有兩斷支水流相對，黃氣從中間出。

水氣（白氣）出氣口 —— 水流從平地極低處流出，兩邊是平坡或山丘，白氣依附水流而出，是出水口。

平地以水流而結成之都會，以天津市為一典型之結作，海河（水流名）是主要河道，市中心全被水道環繞，海河（水流名）向東南流向渤海灣，是一個典型平洋龍所結之都會。這正是：**「故大江大湖之旁。外氣內氣，交橫于此。建都立邑。」**之道理也。

平洋龍所結之村落

不論陽居、祖墳或都會城市，在風水學理上，要「藏風聚氣」，山龍所結的都會，均以山脈為背靠，以止風吹，但平洋龍法，其理雖一，但山水陰陽則剛與山崗龍相反，就是平地中以水流為靠，據筆者繼大師研究所得知，原來在平地上雖然易受風吹，但水流的力量，吸納了週邊的亂氣流，而轉向流水的方向，平地上靠著水流，可避免背後的亂風吹襲，這就是古人對平洋龍法的闡釋。

唐、楊筠松地師著**《都天寶照經》〈中篇〉**（《地理辨正疏》武陵出版社第223頁。）（註五）有云：

「天下軍州（指國家的首都）**總住空。何須撐著後來龍。⋯⋯龍不空時非活龍。教君看取州縣場。盡是空龍撥擺蹤。莫嫌遠來無後龍。龍若空時氣不空。兩水界龍連生窟。穴得水兮何畏風。」**

明末清初之蔣大鴻地師所註解（《地理辨正疏》武陵出版社第224-225頁。）曰：**「肉眼但見漭漭**（繼大師註：音網，形容廣濶無邊。）**平田。毫無遮掩。疑為坐下風吹散氣之地。不知水神界抱。陽氣沖和。平洋之穴。無水則四側皆風。有水則八風頓息。所謂氣乘風則散。界水則止。古人之言。正為平洋而發也。」**

這**「穴得水兮何畏風。」**及註解：**「有水則八風頓息。」**筆者繼大師知道這正是平洋結穴及平洋結大都會的風水學理，是古人在風水學上的大智慧。事實上，古來皆有此種平洋地都會結作，非空談學理，而大江、大河、大湖及大海，就是界水的作用，是止着平地地氣的重要原素。

風水之學，博大精深，古人之智慧，真是不可思議。

寫一偈曰：

平洋山龍雖不同
陰陽山水各相通
界水來龍黃白氣
變化吉凶實無窮

繼大師註一：《天元餘義》為明末清初蔣大鴻地師著，其中《龍法辨》收錄於《地理合璧》〈卷五〉之《天元餘義》一至三頁，瑞成書局精裝版本，另外集文書局印行《地理辨正錄要合璧》于楷輯，兩書相同。

繼大師註二：《雪心賦》是唐、章貢（今江西贛州）、卜應天則巍著，台灣竹林書局發行《地理正解雪心賦》一九九八年一月第十二版。

繼大師註三：見《秘傳水龍經》蔣大鴻輯訂，程穆衡校錄，第161頁，武陵出版社有限公司出版，一九九八年九月印刷。

繼大師註四：此段《黃白二氣說》錄于《地理合璧》〈卷五〉－606頁，第八行，一九九四年十月集文書局出版。

繼大師註五：《都天寶照經》〈中篇〉見《地理合璧》〈卷四〉－第381至383頁，一九九四年十月集文書局出版。及《地理辨正疏》武陵出版社，第223－225頁。

《本篇完》

（四）城市在巒頭上之發福長短原理——水口砂之作用

繼大師

大凡一個都會之形成，除了山環水抱外，出水口的地方，對於城市發福的長短，影響極大。以山龍所結的都會為例，三面環山，一面平地，或臨大湖、大江、大海等，中心一大片平地，為人民所聚居，三面環山的山脈，不論高或低，必有水流由三面高地流去低處而出，出水處名曰：「水口」。

城市的出水口，在風水學理的吉祥形勢上，除要彎環屈曲而出之外，繼大師認為最好出水口方有山丘作關攔，所有近出水口之山均稱為「水口砂」，水口砂有：「華表山、捍門、北辰、羅星、禽星等。」筆者繼大師現解釋如下：

華表山——華表山者，是出水口間有奇峰挺然卓立，或兩山高聳在兩岸對峙，或山峰從水中心露出，或作屹立，或作橫臥，攔截及阻塞河道上的水流，使水流緩慢而出。

城市外的水口砂　(法國馬賽Marseille)

捍門——在出水口水道兩岸各有山峰對峙，如門戶之護捍，若形狀如日、月、旗、鼓等，皆是大貴之象。

北辰——北辰者是在出水口的水流上，有巉巖高聳的巨大石山、石柱，形狀怪異，石峰作中流砥柱。

羅星——羅星者是水口關攔之中，有堆埠突出，或石或土，立于水流中間，四面被水圍繞，巨石名「北辰」，一般石塊名「羅星」。

禽星——近出水口處的土山或石山，其形如飛禽走獸，如龜、蛇、獅、象等。

無論何種水口砂，它的作用是攔截水流，使水氣緩慢而出，筆者繼大師得知水流的流動，帶著一種動力的氣流，于是產生風，這股水氣，在風水學上稱為「白氣」，此氣凝聚在一個都會內，則成為陽居之生氣，氣聚則居住者會安逸祥和，「生氣凝聚」的狀態，是吉祥風水的主要因素，它是依山川形勢而產生的，「風水」一語，其名稱來由出自晉、郭璞著**《葬書》**（繼大師註一）（**《珍藏古本堪輿秘笈奇書》**士林出版社，第231－232頁。）曰：**「葬者。乘生氣也。氣乘風則散。界水則止。淺深得乘。風水自成。」**

又曰：**「地有吉氣。土隨而起。土有止氣。水隨而比。土者氣之體。有土斯有氣。氣者水之母。有氣斯有水。外氣橫行。內氣止。生氣行乎地中。其行也。因地之勢。其聚也。因勢之止。勢來形止。是謂氣全。勢止形昂。前澗後崗。宛而中蓄。是謂龍腹。」**

筆者繼大師解釋這段說明如下：

（一）地有吉氣，隨着高地行至低地，水流之氣亦跟隨之，亦是高向低流，有土地即有地之氣，有氣之流動，即有水氣依附其中。

（二）土地之勢，有縱有橫，山之橫勢，環抱在左右，則中間行進中之土氣由此而止，止則聚也。

（三）前有水流溪澗止住土氣，後有山崗作靠山，生氣因地勢而止。

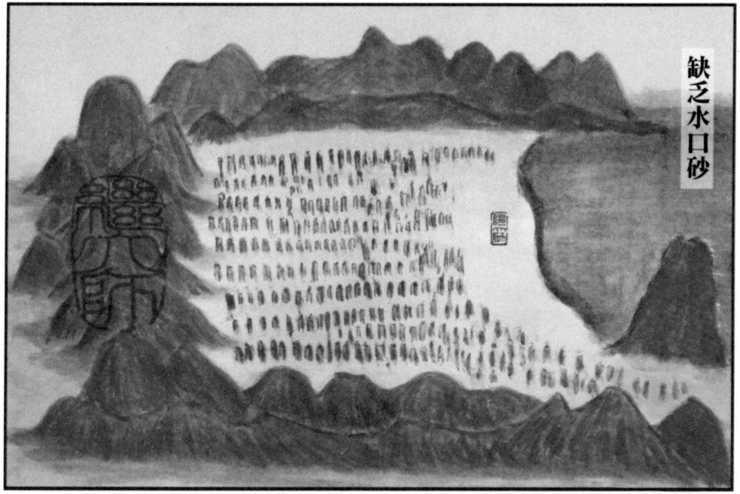

大凡一個都會，其高處是來水或來氣方，風水學稱之為「天門」，而低處是去水或去氣方，稱為「地戶」。在**《地理大全要訣》**（繼大師註：）**《論天門地戶》〈卷三 — 砂法〉**（華成書局發行，〈卷三 — 砂法〉第4頁末。）有云：

「凡天門地戶之名。又謂之三門五戶。皆言水來處為天門。水去處為地戶。天門欲其開濶。地戶欲其閉塞。」

又在下一頁之**「論下手砂」**（華成書局發行，〈卷三 — 砂法〉第5頁。）有云：**「不問東西南北。但去水一邊。謂之下手。下臂下關。蓋下手之砂。最關緊切。有下關則有融結。無下關則無融結。下手最要重疊緊密。則結作愈大。下手空曠。則不須尋地矣。」**

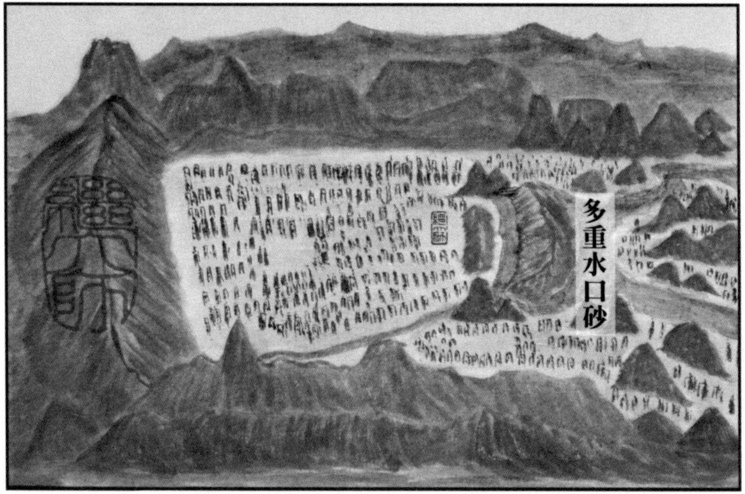

不論陽居或墳穴之結地，繼大師認為在穴場上向前看去，以最低方為去水方，以最高處為來水方，有真水流流經至最低點為出水口，若無水流，則以最低地方或有缺口之方為出水口，亦即生氣出口方。

若以山崗龍所結的城市都會而言，三面環山，一面是平地，有矮小山脈橫攔，以整個形勢而論，臨湖、臨江、臨海之方，是出水口處，若有山丘或山脈出現，即是「下手砂」，或稱「下關砂」，如「北辰、羅星、捍門、華表、禽星等。」

筆者繼大師現解釋城市兩大吉祥風水的原則如下：

（一）城市以高之一方為來水方，來水方要濶大，出水口要窄及屈曲，水流要迂迴曲折，則生氣愈聚，福力愈大。

（二）城市的出水口除要屈曲外，下關山脈要迂回而且多重，層數愈多，則發福久遠。

以上兩點要配合不同的城市格局，這就是：

山龍所結的城市 — 以出水口有多重水口砂為主，繼大師認為在原則上是，每一重發一個大元運，但要配合出水口的大小及每層水口砂的距離而定。

這是一個標準典型生氣凝聚城市的吉祥風水格局，城市水口之水流屈曲，或有內湖、內海灣環屈抱，或有長橫山丘攔截，或有尖峰在出水口兩旁對峙，這是最好不過的，是城市發福長短的關鍵所在，當然城市中出現一條主要河道為首，其大小長短與山脈之大小高低及距離，其比例要適中，繼大師知道這是直接影響到每一個都會的風水。

大自然的變化真神奇，山水各有其靈力，孕育出不同的人物，而一個地方之山水形勢既定，其命運亦是宿命中的定數。故此，能懂得風水者，又能夠做到改建城市合于吉祥風水的話，則只是錦上添花而已，如能知天命，就不會怨天尤人，或許不同城市之風水形態，就是表現不同之因果宿命之一種現象吧！

但無論如何，城市河道之屈曲、出水口及水口砂，是直接影響城市旺盛之主要因素也。

寫一偈曰：

都會山高遠水流　水口屈曲重重丘
發福長久代代富　不須他鄉另謀求

繼大師註一：見《珍藏古本堪輿秘笈奇書》第231頁，士林出版社，一九八八年三月出版，一九九四年元月再版。內之《葬書》郭璞著。

繼大師註二：見《地理大全要訣》鄒廷涉輯，華成書局發行，文林出版社，一九九五年十二月出版，〈卷三〉——〈砂法〉，第四頁《論天門地戶》，第五頁《論下手砂》。

《本篇完》

（五）符合吉祥風水的城市規劃法則
——生氣凝聚原理（流坑村的風水）

繼大師

一個都會城市，雖然是人類自然集居之地，它必具其風水獨特之處，加上地點所在及在政治上的地位，正是天時、地利、人和之三種條件下所孕育出來。所謂：「人盡其才。物盡其用。」繼大師認為若要使城市能夠大大興旺，必須符合吉祥風水之造作，配合城市的發展規劃。

首都城市逆水垣局圖

至於符合吉祥風水城市的規劃法則，筆者繼大師現列出五大點如下：

（一）政府首長及主要高層官員宿舍官邸，均要建在陽居結穴的吉地上。

政府行政、立法機關及政府執法及各主要部門，其辦公大樓，最好建在陽居有地氣的吉穴上，若不能，則要山環水抱，主要大樓需要靠山作靠，左右宜建有政府辦公大樓作守護，成「品」字形，主樓面前宜留有一塊四方平地，作為三座大樓的明堂，則生氣凝聚其中。

三座大樓開中間大門作出入口，出入均要經過面前之大平地（繼大師註：即明堂），平地亦可

靠山高聳之城市垣局

作公園的形式設計，以四方形之公園為吉祥。種植綠草美化環境，但不可種植高樹，防止阻塞大樓之主要入口，最好在大門不遠處植矮樹，朝拱大門，環抱有情，亦可將大樓前方平地作停車場，作為大樓之明堂，以此凝聚生氣，符合吉祥風水的作法。

（二）城市若是兩面群山相對，城市中心的兩旁山脈，不可破壞，切忌開取礦產，繼大師認為若要開取礦石，要遠離市中心區域，城市的主要來龍山脈，切勿開鑿破壞，此點影響長遠，亦不可將城市的出水口處的山脈、大石塊、石山等鑿破，若鏟平出水口的石塊、山丘，則人財易流失，影響整個城市的經濟衰旺，關係至大。

若城市中心內的山脈已經在開鑿中，這要盡快停止，及時作出補救，方法是將破壞了的山脈範圍修葺，綠化美觀，使外形美觀，若是開鑿之山有大石塊，筆者繼大師建議可以將石塊修葺，令畫師畫上大型壁畫，或請工匠彫刻大型美觀的圖案，若國家城市有主流的信仰，可彫刻宗教的巨型人物或神像，如聖母、耶穌、十字架……

等，如是佛教國家，可彫刻佛像、巨型佛國海會圖、浮屠、金剛護法像……等，或是歷史人物，加上色彩瓦磚，使美輪美奐，這是筆者繼大師首創，可使破壞了的山脈得以美化，可以「化腐朽為神奇」。

若無信仰的國家城市，可將破壞了的山脈修葺，種植草樹綠化，若地質是石層，可以把石層打磨平滑，仿效植物顏色，把綠色油漆油上，是為人工綠化。

(三) 城市的內海或內湖，切不可胡亂堆填，以致水道收窄，或水道直來直往，都是大忌。若以人工填海的方法，改變城市的大風水格局，繼大師認為切勿收窄河道，必須把河道修葺成彎曲環抱。

城市垣局之一

筆者繼大師見有一些城市，其水道拐了一個「U」形大彎，人們為了縮短航道以增加捷運，於是乎在其最窄的地方開鑿一條小河，貫穿「U」形大彎，這樣那「U」形水流生氣邊遭受到破壞，住在區域內的人，人財兩失。

城市內若修做人工內海或內湖，可挖掘水底沙土，使水深港潤，使用「槎枒」的方法，堆填兩岸成彎曲形，保持航道暢順，巨型船隻能入至城市中心區域內。

（四）城市內海或內湖，其窄方是出水口，濶方是來水口，繼大師建議可在出水口兩旁地上，用人工堆土，砌成矮小山丘若干個，在兩岸交义相對，關鎖城市內的生氣，再配合屈曲水道流出，則城市發福久遠。

（五）城市中之主要建築物，除以上第一點所說之外，其教育中心、文化中心、科技中心、大學等，其建築物之外型要有情，不可作三尖八角形的設計，繼大師認為以「凹」字形最為理想，或作「H」字形，主建築物略為長方形，橫長那面向前方，左右長方形建築物作守護，主樓後方要有靠山，前有平地作停車場，為主樓之明堂，以凝聚生氣，明堂外或有水流順弓環抱，更有橫長山脈關鎖，作為大樓之案山，正對大門，逆收前方生氣。

城市垣局之二

晉、郭璞著**《古本葬經內篇》**（繼大師註一）《葬經翼、葬經翼箋注合編》集文書局印行，第 196 頁。）內有云：

「風水之法。得水為上。藏風次之。何以言之。氣之盛。雖流行。而其餘者猶有止。雖零散。而其深者猶有聚。」

在風水學上，以「高一寸為山。低一寸為水。」若大門正對前方山丘，則前方之生氣，必順流入門，此之為「得水」。或大門面對之方，繼大師認為最好是河流來水之方，水流從遠處流來，經過屋門前面之左或右方，屈曲迂迴地流去屋之後方，則屋門是收逆水，是發福的關鍵因素。

筆者繼大師總結其重點如下：

（甲）逆水 ── 大門迎向水源或來水方，是得水之生氣。

（乙）明堂 ── 逆水之氣入于明堂平地中，使生氣聚集。即如**《古本葬經內篇》**（繼大師註二）所說：

「朱雀原於生氣。派於未盛。朝於大旺。澤於將衰。流於囚謝。以返不絕。」

城市垣局之三

「朱雀」是四獸之一，譬喻「前面」之意，即生氣在前面而來，其氣分散則未能興盛，但因流入前方聚集，而趨於旺盛，再次分流下，而使之將衰竭，當其氣被囚困之下而漸漸「凋謝」，筆者繼大師解釋這即是生氣慢慢散去，以此循環不息，此乃生氣之「成、住、壞、空」四個階段。

若大門前方遠處有水流來，水流帶動大地之生氣，生氣由水流帶入明堂中凝聚，大門若對朝之，則大大興旺。

但現代人之建設觀念，以實用為主，大廈屋前多沒有預留空間的平地，都市大廈林立，根本沒有多餘的空間，這種實用觀念，大大違反了吉祥風水的設計原則。

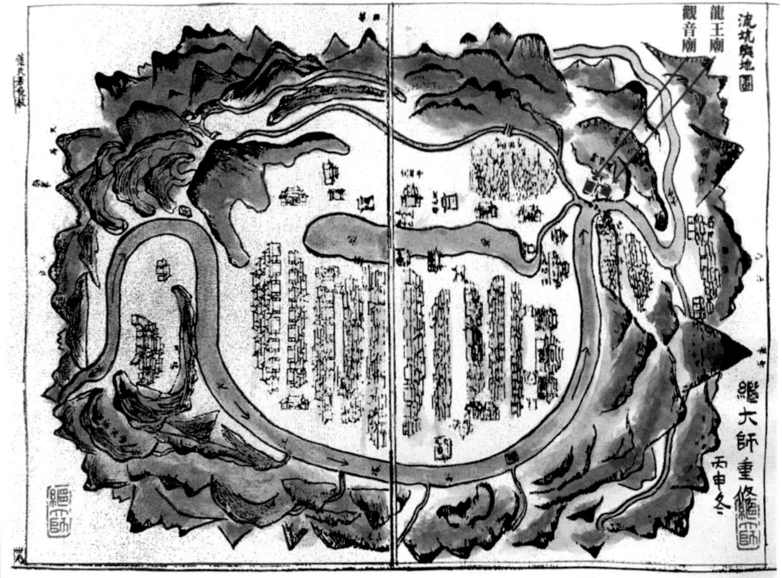

（丙）大門——大門是人們出入之氣口，若有生氣凝聚於面前的平地，而大門之左右方又有略矮之平房建築物作守護，且大門正前遠方又有山丘或順弓水來朝，（繼大師註：即流水屈曲抱著建築物，如北京紫禁城午門前方之人造金水河。）則生氣迎入大門內，被大門所吸納，這樣，大廈必然生旺。

若上述五大點能夠做到，定能符合吉祥風水的城市規劃法則，當然還有很多細微的地方要注意，這些只是重點。

真正的大城市風水學問，是超越科學的，是中國古代地理學家們使用吉祥風水的大智慧，它非個人的發明，是歷代風水明師所累積下來的經驗，正是「古法今用」。

當年楊筠松風水祖師，應董仲舒的後人，在南唐昇元年間依照吉祥風水而建村，原屬吉州永豐縣，南宋時改由樂安縣管轄。楊筠松祖師勘察江西流坑村時，建議將烏江去水水流堵塞，開鑿流坑，繞過村之北面，在村北橫長後山山丘前，屈曲地向「庚」方流去，作村之後方玄武水，（繼大師註：西方「兑」宮為「庚、酉、辛。」

龍王廟

觀音廟

「玄武水」為後靠之北方水流。）筆者繼大師于二〇一四年考察期間見烏江去水水流屈曲環抱村後而再往北去，因開鑿水流之坑，故名「流坑村」。

楊公還題了一偈曰：**「若是水流庚。仍是好流坑。」**

自始之後，村中出了很多讀書人，經歷宋、元、明、清，世代均為官，在村中的五帝廟側，有狀元樓，門口向「卯」方（繼大師註：即東方「震」宮甲、卯、乙。）此屋曾蔭生一位狀元，配合烏江之

入口碑坊

「午」方來水「之玄」，「子」方去水屈曲，繼大師認為這是楊公說的：「乾山乾向水朝乾。乾峰出狀元。」之大格局。至清代中葉，村內一戶人家，更蔭生了連續五代為官的記錄，時間超過一佰年，流坑村入口大門牌樓上書有「千古第一村」字樣。

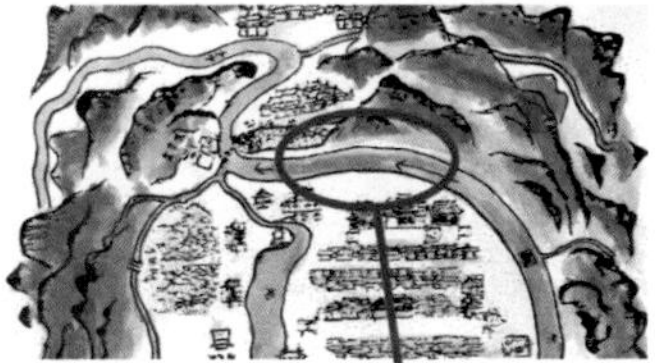
流坑村

楊公改其烏江流水，使水屈曲而去，這就是大陽宅風水的改造方法，真是「明師出手。官貴悠久。」歷史可以証明。正因為烏江水流繞過村北向「庚」方流，後再往北方去，這節「水流庚方」之水與流坑村元運相剋，南方來水（繼大師註：南方屬火。）與此向西方流之橫水（繼大師註：西方屬金。）在方位上交戰。（繼大師註：為火剋金。）

楊公在村北之入口旁的出水口方，分別興建了龍王廟及觀音廟，（繼大師註：牌匾以篆文刻上廟宇名稱。）以廟宇收逆水及在「向度上」制御「水流庚方」之煞水，使其元運清純而長久，其結果分別在元朝的兵災之下，部份房屋被燒毀，及在民初時期，軍伐將流坑村北面近入口

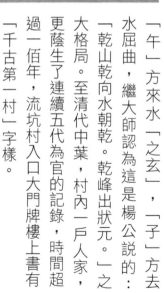

處的一排約十多間平房屋燒過精光，真的應驗了「火剋金」的災難，但人口總算平安，這少許瑕疵，楊公都有提及，以「用神制煞」作出化解。

流坑村地方範圍不大，三閉一空，最巧妙的地方，就是空的一方是來水，而且是「午」水來朝，等於國家都會的「紫微垣局」一樣，同樣是南北向，與「御溝」的道理相同，就是「逆水局」，又是「得水為上」，山水聚匯之地，大陽宅風水，一個決定，小小改動，足以引致出現極大的吉凶。

反觀今人，風水巒頭不顧，甚至自創新法，棄古人之說，不顧門路、聚氣位……等，使人們誤解風水真道。正如蔣大鴻地師在**《辨偽文》**（繼大師註三）（《地理辨正疏》武陵出版社，第19頁。）有云：

「以不正之術。謀人身家。必誤人之身家。……」

所以可真的要小心了，因果自負，非開玩笑也！

寫一偈曰：風水古法　用而不惑　天堂地獄　唯心召達

繼大師註一：《古本葬經內篇》晉、尚書郭璞著，此段收錄於《葬經翼、葬經翼箋注合編》青烏子著一書內，集文書局出版，一九八五年三月出版，第196頁。

繼大師註二：見註一之《葬經翼、葬經翼箋注合編》內第202頁第三行。

繼大師註三：《辨偽原文》錄於《玄空秘本地理合璧》卷首，第九頁，蔣平階（大鴻）著，集文書局出版，一九九四年十月出版。

《本篇完》

（六）城市之河道作法——水流河道之吉凶原理

繼大師

一個大城市之結作，不外乎山環水抱，以近海之地而符合都市結作條件者為經濟重地，以得高脈群山之力而符合都市結作條件者為權力之地。

大地山川中，以山脈為陰，以水流為陽。因為山主靜而不動，水由高至低而流動。山是龍之骨、肉，水是龍之血脈。繼大師認為「山環」是結城市鄉邑條件之一，「水抱」就是去水要「之玄」，或屈曲而去，或環抱有情。亦是結市邑之其中條件，兩者道理相同。

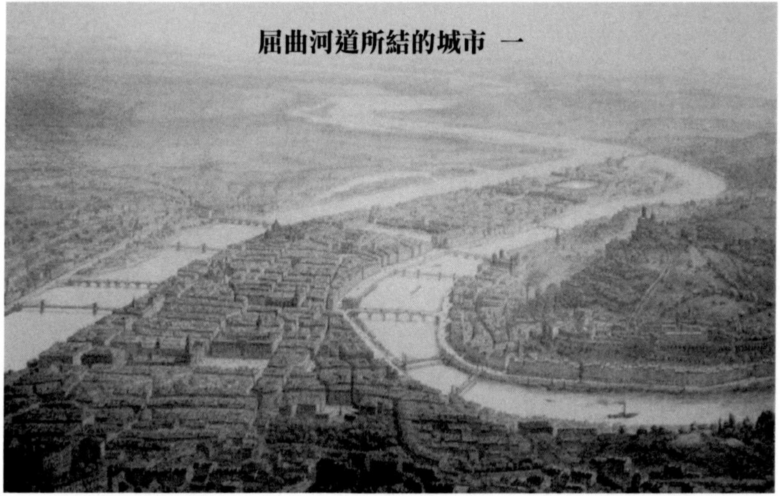
屈曲河道所結的城市 一

山脈與河道水流所結作之都市，筆者繼大師現解釋其分別如下：

山脈所結作之都市 ——

三面高山環繞，中間是平地，一面略低，有凹峰，凹峰外遠處又有山峰填補，平地中間，有河道經過而出凹峰之處，這是以山脈環繞為主。

河流水道所結作之都市 ——

四面無山，一片平地，有水流河道在四周環繞，來水又有多條支流滙入，或有大江大河作主流在遠處流來，並與眾河道水流相連，從高空看下，市邑三面被水流環繞，來水連接主要河道，另一平地，其水流並不相連，此平地是水斷之方，反而成為水源之地，是平地地氣出入之口。

山崗與平洋所結都會，筆者繼大師解釋其出入口之分別如下：

在三面環山之市邑內，中間有河道流出市邑之一方，是出水口，在下雨後，群山之水流滙入，然後流出市邑外，是白氣出煞之方。

在三面水道環繞之市邑內，其中間全是平地，水流所斷之方，正是土地脈氣出入之處，是黃氣出入之方。

蔣大鴻地師著**《黃白二氣說》**（《地理合璧》集文書局印行第607頁。）云：

屈曲河道所結的城市 二

「故大江大湖之旁。外氣內氣。交橫于此。建都立邑。置完安塋。參量均衡。有不可廢。」

此段是說明以大江大湖之旁，有水流交會，或環廻一方，是內外氣所聚之處，可建都立邑。若以群山環繞所結的都會，中心區是一大片平地，必有水流流過其中。繼大師認為若是自然之河道，多必彎曲而去，在屈曲處，旁邊多是市集中心區。

《都天寶照經》〈下篇〉（《地理辨正疏》武陵出版社，第248頁。）有云：

「乙字水纏在穴前。下砂收鎖穴天然。當中九曲來朝穴。悠揚瀦蓄斗量錢。」

這段雖是陰宅穴前水法之一，但其道理不外乎屈曲之水，不論去來，水流必慢，水氣慢流，內氣必聚。這陰宅之水流，與市邑陽宅之水流，其原理一樣，均影響着吉凶。

《都天寶照經》〈下篇〉（《地理辨正疏》武陵出版社，第250頁。）亦云：**「水直朝來最不祥。一條直是一條鎗。兩條名為插脇水。三條云是三刑傷。四水射來為四煞。八水名為八煞殃。直來反去拖刀煞。徙流客死少年亡。」**

若在都市之中心，有河流橫切中間，長長直直，這樣水流必急出，急出或急入，必構成沖煞之力，沖力大則形成一種破壞力，這市區內之錢財及人材，多必流失。繼大師認為若逢當元煞運，則此地必有大禍為患。以歷史觀之，楊州十日、嘉定三屠、南京大屠殺，不可說與此無關。

屈曲的河道

屈曲的河道所結的村落

水流河道，它包含吉凶禍福，其吉凶之原理如下：

吉 ── 水流河道屈曲「之玄」，欲去還留，出水口屈曲愈多，發福則愈久。

凶 ── 水流河道直來直去，其河道口愈出愈大，全無關攔，水口大而蕩，氣不能凝聚。繼大師以上所論，是以巒頭之形勢而定吉凶，若配合理氣細論，則是：

巒頭吉 ── 配合向度理氣更吉，若逢煞運理氣，凶帶吉。

巒頭凶 ── 配合吉度理氣是凶中帶吉，若逢煞運則凶中更凶。

在蔣大鴻先師著之**《古鏡歌》《下卷》〈辨水路去來格〉**（《將氏家傳歸厚錄、地理真書合編》翔大圖書公司印行，第330頁。）有云：**「水神衰旺有權衡。水路去來亦豈一。凶入吉中禍稍輕。寇仇來難兒孫敵。吉流凶處吉仍凶。外賊不來家賊逸。初載禎祥後復凶。初年見禍後無疾。」**

這水神之衰旺，即是河道水流在巒頭（繼大師註：巒頭即是山川形勢）與理氣上之配合，其吉凶衰旺是會轉變的，這必須用大三元元運理氣推算之，再配合小三元元運及流年干支，則吉凶禍福之時運易於掌握也。

古時夏禹用「疏導」之法治水，先引河川之水入湖海，再將溝壑之水引入河川。河道若治理不好，很易泛濫成災。在隋煬帝時，曾動用大批人力建造大運河，連貫了海河、黃河、淮河、長江、錢塘五大水系，全長約共二千里，歷時六年，由北京可由水路直達上海及浙江一帶，即古稱江南之地。

水聚天心所結的市鎮

一般人工所建之運河，其原則是要在最短距離內把運河連接兩地，所以造運河是直、深、濶。這是以「快、短、省時」為目的而建。

天然之河道就明顯不同，由於水在高處向低流，下雨時，水從高處聚滙，流入凹地或坑中而成溪、河，聚積在深窩之地而成湖泊，水流乘著地勢之高低，因沖力及地勢，造成了河流的形狀。繼大師認為這正是自然狀態，所以水流河

屈曲的河流

道多是彎曲，長江與黃河就是個好例子。其中不少大都市邑，興建在其支流與主流交匯之地上，蘭州就是在整條黃河畔邊上唯一結作的城市。

來水長遠，去水不見，更有下關砂攔截，就是典型都會之結作。所以，以此原則在市邑都會內作河道，可使市邑更為旺盛。筆者繼大師見歷來之經濟大都會，大多是結在河道臨大海之附近。例如：

天津市 —— 在海河近出渤海灣之口

上海市 —— 在黃埔江與蘇州河交界為中心，近長江出黃海之口

杭州市 —— 近錢塘江出杭州灣連東海

福州市 —— 近閩江出台灣海峽

汕頭市 —— 近韓江出南海

廣州、深圳、澳門、香港 —— 珠江出南海一帶

以上例子是曲型之河道出海而結作之都會，另外有雙水或三水以上交會而結之市邑，並非近海岸地區，這些城市，全是自然然而產生，這當然要得天時、地利、人和等要素而應運而生，全是受天然河道的影響。

至於現代人說來，大都會已形成，在其附近亦會發展成衛星市鎮，以香港之地形而論，山多平地少，以致移山填海而發展衛星城市，在填海時所設計之出水河道，全是直出直去，這只是人為之見，繼大師認為這並不合符自然，但若要人家相信此套理論，恐怕難矣。

有一種都會，其結作是平洋地格局，水流支水多，互相交織，此等格局較為溫和，若逢當運並不特旺，若是失元，其運也不見大衰特敗。正因為水流支水多，互補不足，運自均衡。正如蔣大鴻著之**《天元歌》〈第四章〉**（《相地指迷》武陵出版社〈卷二〉第55頁。）云：

「大蕩大江收烝厚。涓流滴水不關風。若得亂流如織錦。不分元運也亨通。」

此段經文，繼大師解釋它是說明在一大片平地上之市邑都會，有亂流如織錦，或是陰宅真結穴地，其面前亦有亂流，兩者道理相通，亦會成「不分元運也亨通」。

另外，若以移山填海方法用作開發新衛星市鎮，要注意兩點，一是開發山脈之地方，二是填海區位置之設定，開山之地區要遠離市區中之山脈，最好找些「送水砂」以作開鑿，市邑中不見有破山，繼大師

水聚天心所結的村落

認為若然在市邑中見有破爛之山頭，定影響居住中的人，破碎無情之山，易影響住者無情，人多凶惡、暴戾及下賤等。

若市邑之一角，所在大廈之後方山脈，切忌破壞，來脈之氣受傷或斷掉，則易傷人丁。若作適當之修葺，山脈開鑿後宜種植草或樹，如以英泥（三合土）修葺，則可塗上綠色油漆，美觀有情也。在**《地理囊金集註、記師口訣節文》《第六十二章中段》**（《地理囊金集註、記師口訣節文》武陵出版社，第313 - 314頁。）有云：**「大抵州郡。旺方忌於來龍正脈。并四畔護龍照應星峰體上。鑿池挖土。鋤圳開河。損傷山形護體。主定城市人人生禍。」**

此段說若鑿挖山川，**「主定城市人人生禍」**。是說古時之郡城，若以現代大都會而言，多主城中發生重大事件，影響全城人健康、經濟或有動亂，或出現大災難等，人人心理均有陰影。

填海之地，多擇市邑之兩岸，將城市範圍由中心擴至岸邊，以一般人之想法，多預留一長長直直之海道，使下雨時，雨水很快排出大海。這是現代人之構思，如香港之沙田城門河，屯門之屯門河等，水流河道直來直去。在**《地理囊金集註、記師口訣節文》《第六十二章》**（《地理囊金集註、記師口訣節文》武陵出版社，第314頁。）又云：**「人家住在鄉間村落。若見山直水走。主此方人富少貧多。若山水會停。龍吉局好。主此方人旺相福氣久長。」**

城市內之河道作法，筆者繼大師有如下見解：

「若填海後得出之河道是直來直去，雖然較利於排水，但不合吉祥風水原則。若預留之河道作「S」形出海，便符合風水學上之「水要之玄」或「作乙字水纏」等理論。

出水口連接內海，遠處有山脈關欄，若重重疊疊，發福定是悠久。以現時人類的能力，定能做得到，只是相信與否的問題罷了。而深圳與香港間出后海灣之深圳河，筆者繼大師於千禧年在地王大廈遙望深圳河，正是去水成九曲，之玄有情，是天然的河道，極符合吉祥風水之學理。」

此是大陽宅開邑立都之根本理論，是巒頭水法之取向，屬於風水巒頭部份，若再配合理氣部份則更為完美。而大陽宅之水法與水龍要訣之立論是相同的，水流河道要彎曲有轉，轉彎之水名「抱穴龍」，兜轉愈多則愈富貴。水轉之處，最好沒有分支，有分支則名曰：「漏道」，水有支流而去，氣亦隨之而散，不能凝聚。市邑之河道若依「屈曲」設計，則福力愈厚。

在蔣大鴻先師所著**《天元歌》《第三章》**（《相地指迷》武陵出版社，第42頁。）云：

「水行有轉是真結。直來直去龍之僵。有灣有動龍之活。一轉名為抱穴龍。抱穴富貴在其中。二轉三轉貴不歇。四轉卿相不須說。轉處不分名息道。轉入分流名漏道。惟有息道是真龍。漏道多轉總成空。」

這水流之合流、分流、兜轉、屈曲乃至九曲等，均影響着吉凶，都市河道之設計，是大陽宅吉祥風水之命脈，與其盛衰，均息息相關，亦是大陽宅風水之天機，筆者繼大師祈望風水真道能被認同，更不視作為迷信之物，當然啦！信相與否亦是隨緣信受。若有人考証各市邑都會之河道，再引証其過去之衰盛，定會有所發現。

寫一偈曰：

盛衰輪轉
月缺又圓
河道水法
能者司權

《本篇完》

（七）市鎮河道之「直出」與「屈曲」原理詳解

繼大師

在香港境域中，除了大帽山及鳳凰山、蓮花山（由三個山峰組成）、大東山、二東山之高度外，再來便到馬鞍山，馬鞍山相連九龍區各大山峰，它是西貢半島之祖山，山高702米，山之東面朝沙田區，與香港中文大學之後方群山對峙，沙田中心是城門河，由西南往東北方走，流入沙田海，並與吐露港相連，水經赤門出大鵬灣，山環水抱，而馬鞍山是沙田出水口之華表山，（繼大師註：華表山是出水口處兩岸相對之山峰，它有關攔生氣的功能。）與屯門河出水口處之青山，均屬相同的風水格局。

屈曲水坑所結作的耶路彌冷聖城

以水流方向而言，屯門河由東北向西南流，水出青山灣，大嶼山為逆水砂，赤鱲角因建機場而填海造陸，反而使青山灣對出海道縮窄，與屯門望后石對峙，是內海的出入水口處，由於伶仃洋是珠江之出水口區，所以外水之水流急湍，雖有珠海市及澳門一帶作關欄，亦離屯門區遠，但總比沒有關攔為好。繼大師依此形勢觀之，屯門河與珠江是同一大方向而流，故此屯門河是順水格局，但若沒有大嶼山作逆水砂，（繼大師註：逆水砂是阻擋着水流流失之山脈、島嶼或山峰。）則屯門區是發不久遠的。

沙田區之格局，其水流剛與屯門區河道方向相反，沙田河由西南流向東北，水出吐露港而相連大鵬灣，廣東省南之大小梅沙、大鵬、鹽田、南澳、平洲等地，其水流全由北面流向南端之大鵬灣，赤門是吐露港連大鵬灣之通道。繼大師觀其形勢，沙田區是先順後逆格局，水全聚於吐露港，馬鞍山是華表砂，其形勢格局很好，沙田、大圍、銅鑼灣、火炭等地，生氣凝聚，興盛久遠，能收得逆水。屯門對岸是大嶼山，有鳳凰山、大東、二東山作朝山，阻擋海流之生氣並能回轉，亦是先順後逆格局，可謂各有千秋。

這兩區是香港的衛星城市，都是以人為因素，開山填海而造成的，市中心有人工河道，分別是沙田之城門河道及屯門之屯門河道，兩者之河道設計都是以最直接、最短暫之距離為主，所以河道是直而長，五行屬木形，是眠式直木，若從高空中向下看，屯門河道近出口處，其形狀略帶弧形，然後流入青山灣，但沙田河道大部份是直長的木形星，以近出吐露港港口處為甚。

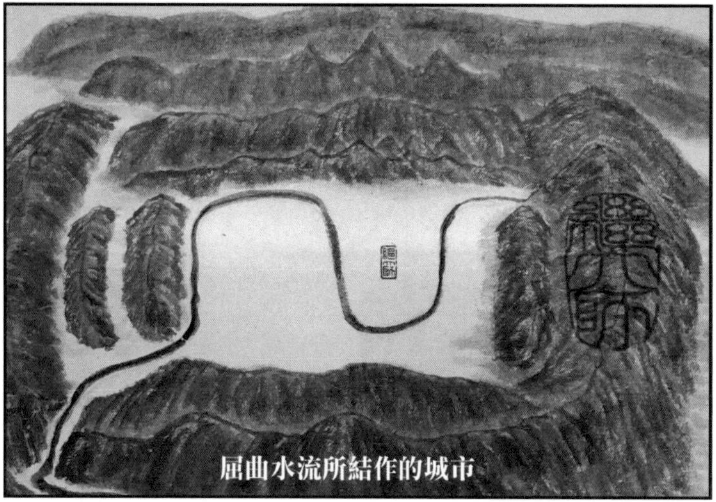

屈曲水流所結作的城市

兩條人工河海水流均是直來直去的，此種設計，並不合乎風水原則，繼大師認為若然改為彎曲成「乙」字形，或「之」字形，或「S」字形，或「玄」字形而出則吉，彎曲愈多愈好，即「九曲水」是也，但流水彎曲之多少，要與市鎮大小成正比例，包括人造河道及市鎮之濶度、深度等等。這樣的設計，才能合乎吉祥風水的原則。

以現代人居住在大城市而言，所有城市環境規劃師對於水道的設計，他們一定以直長之流水流出大海為主，並不接受「S」字形的水道，因為這樣的水道，其週邊環境建設有限，他們認為會浪費土地，並不合乎經濟效益，他們認為所有填海出來的土地，要全部用盡。如果是天然的屈曲水道，城市規劃師不會隨便將其改直，亦不得不隨順着地勢而規劃整個週邊的使用土地。

直水結作的城市

蔣大鴻先師著**《天元歌》《第三章》**（《相地指迷》武陵出版社第44頁。）有云：**「五曜只求金水土。身有轉水之情。直木火星皆最忌。」**

又**《古鏡歌 — 辨五星吉凶體要》**（《將氏家傳歸厚錄、地理真書合編》〈卷十〉翔大圖書公司印行，第317-319頁。）有云：**「三星理氣貴研窮。格局分明造化功。實地圓唇金水土。空中水路也相逢。……木星僵直無生意。有轉分明即土形。」**

張澤鎮 (華亭) 內的直水

這段雖說明水龍之三吉形是「金、水、土」，但若以設計河道而言，「金、水、土」三吉之形是可以的，「金」是半圓形，「水」是波浪形，「土」是方形，「直木」是直直長長的水道，「火形」是尖角形或三角形。直木及火星形，均是水流河道之大忌，筆者繼大師現分析城市河道直出與曲出在風水原理上之分別如下：

直出 —— 水之流動，在土之上；風之流動，在水之上；而山脈之氣，一到平地則無所依附，唯有水流之流動作引，帶動山脈及平地土氣而行，水直流則大地土氣隨而附之。

若以三面環山及一方是出水口而言，例如香港新界之沙田區及屯門區；人工河道直出大海，則區內所有山脈及大地之生氣，必然隨之直往，水流愈是直接出海，則生氣流失愈快，生氣流失快，即地靈之氣流失，必然引致區內人財易流失。

此即是**《天元餘義》—— 黃白二氣說》**（《地理合璧》集文書局印行第606頁。）所說：**「地理家依水立局。乘止氣也。白氣為引。黃氣為隨。眾引所交。其隨則聚。故水欲其合。白氣直流。黃氣直隨。白氣蠕動。黃氣瀠洄。直隨則散。瀠洄則聚。……」**

屈曲而出 —— 水流屈曲而出，則大地土氣亦迂迴而出，水流一折之屈曲，則大地之生氣便有「一止」，水流再折，地氣「再止」；水流愈折得多，大地真氣愈止得多；水流折少則真氣薄，水流折多則真氣愈厚，厚則生氣愈聚，聚則人財豐盛，市鎮區內，必人財興盛富裕。

此即是**《黃白二氣說》**（《地理合璧》集文書局印行第606頁。）中之：**「瀠洄則聚。故水欲其折。白氣一遇。黃氣一止。白氣再遇。黃氣再止。如是三四。如是五六。以至無窮。少遇則薄。多遇愈厚。故水欲其重。……」**

相交之屈曲水

大地山脈之地氣，古人稱為「黃氣」。山川河流海道及湖、江、海之水氣，古曰「白氣」。兩者之氣，繼大師認為得其靈氣者是旺氣，能為己用則富貴綿綿；得其煞氣者則凶，犯之則貧賤、災煞、戰爭等。此即是大地風水原理，亦即是陰陽五行之氣，影響着生人之禍福，其禍福之背後，或許是佛教所說因果之道理吧！

至於一個市鎮或都會，筆者繼大師認為除了山環水抱之條件外，其來水與去水方均非常重要，它影響着市邑之興盛，而來去二水之遠近、長短、方位流向、形態等，均與市邑興盛之長遠、短暫、元運大小有着密切的關係，「水法」在陰陽二宅風水上是何等重要啊！

這城市中之河道水流，有天生自然的，也有人工塑造的，天然河道最真最美，繼大師認為它沒有矯扭造作，是天地自然生成；水向低流，遇高地，水則繞道往凹窩之地而去，水是最柔軟的，遇深窩之地，水則積聚成江河，流入大湖大海，生氣凝聚，結都集市，人們聚而居之。市鎮河道，不論天生自然，或人工開鑿，它在風水上之大秘密，就是：

「直出」與**「屈曲」**

流坑村北之烏江屈曲水

寫一偈曰：

來去二水要分明
屈曲自然氣聚停
莫言迂迴費週章
大道無情卻有情

《本篇完》

（八）城市堆填法

繼大師

以一個發展中的城市而論，若城市之兩岸，其四週有高山像羅城般地環抱，如果城市中間是內海或內湖，這樣兩岸高山與中間的平地及內海之大小距離，三者必須適中；繼大師認為：

若羅城山峰群高聳，則兩岸距離宜寬遠，山下之平地宜深廣，內海或內湖之濶度亦要稍濶。

若兩岸之羅城山峰不高，則兩岸之距離要稍近，兩岸之平地不宜深廣。

這是按其比例，高低大小要配合，大則整體大，城市面積亦大；小則整體小，城市範圍亦小。不過，各種城市的地形，皆是天生自然的，人類能夠徹底改變城市的地貌，畢竟是有限度，但亦有例外。如東莞市，昔日屬於丘陵地帶，到處都是山丘地脈，明代有李默齋地師的祖先葬於五點梅花地，及「虎穴」，于1998年筆者繼大師曾經由陳威爾師兄帶領去勘察過，穴地當時已經被破壞了，僅僅只見其朝案之山，是倒地木形星為案山，案外有一貴人尖峰，為文筆峰。

八十年代中國改革開放，地貌逐漸變化，竟然把東莞所有山丘移平，變成一個平陽地，五點梅花地也遭破壞，只剩下「五點梅花水庫」而已。在改革開放之下，將山丘全部移平，本來是一件破壞風水的事，但無意中，竟然打造出另類的一個城市，成為世界工廠，真是意料之外，怎樣想也想不到，但是行起運來，風水自然成。

當我們知道一個好風水城市的原則是三面環山，一面略低而窄，成一水口，流水從低窄一方流走的時候，若想進一步修造城市之風水使其設計更佳，筆者繼大師建議如下：

在城市略低窄一面之出水口方的水域範圍，看看是否有小島或石山、石島等，若有則佳，且愈多愈濶而橫放則愈好，不論或多或少，我們可以在出水口之不遠處，以不妨礙船隻來往為原則，建造大型人工建築物，屹立在水中，或作人造小島，橫放在水口中間，島上種植高樹，必要時可以稍離岸邊填海，可作「品字形」，橫放地排列，朝拱城市的出水口處。

在廿一世紀初，中國大連以南對開海面的黃海填海造地，建造一個很大的機場，名「大連金州灣國際機場」，是中國大陸首個海上機場，採取離岸填海建造人工島方式建設，它的存在價值，不只得到經濟效益，在風水角

度看來，人工造島之機場，成為了大連市的案山，使整個大連市都能夠大大的興旺起來。

城市離岸填海建造人工島，其作用是把城市的內水口關闌，使水流不易竄走，此乃人造水口砂，水口砂層數愈多，則發福愈是悠久，筆者繼大師于戊戌年秋到汕頭旅行，發覺其東面離岸海域，就是欠缺了一個人工島，若然學大連一樣，離岸填海造島，則更發福悠久。又如長江的出水口處，長久以來，沙石堆積形成崇明島，剛好成為上海市的下關砂，關闌着黃埔江出水口的生氣，造就了今日上海的繁榮，而成為一個經濟城市，這都是天生自然，時運一到自然成就。

以現代人的科技來說，建造這樣之人工小島並不困難，最難就是「相信與否」；而人造小島切忌造在來水方。來水方之定義，筆者繼大師解釋如下：

（一）若城市兩岸是羅城高山環繞，中間是內海或內湖，左右兩面是水流之出入口，若是水流之來方，便是來水口方，其地勢必高於去水方。

（二）若城市中間是內海，兩岸相對有情，左右兩方是水流之出或入口，繼大師認為若是來水口，其水口之濶度必須要濶大而空蕩，或是連接大河大江，陸地之大江大河直接流入城市之左或右方，若江河直通流入城市之左方，則左方是來水口方，若江河直通流入城市之右方，則右方是來水口方，這樣的城市，就是「得水為上」了。

來水口方要比去水口方濶大，而去水口方要緊閉，山脈高聳及多重，以關鎖內氣為主。

在明、李默齋先生著之**《闢徑集》〈卷一〉〈暗中三寶〉**之**〈日水口〉**（上海印書館出版，第 90-91 頁。）有云：

「水口單薄者。一發即衰。水口深厚者。福澤久而愈熾。」

這段雖然是說陰宅祖墳之出水口，這與陽居及城市之大出水口原理相同。

大凡一個城市，當它發展到一定程度時，地方不足以使用，於是考慮在市中心之內海或內湖填海，其實填海不一定會破壞城市的風水，但是以一般的人為思想，大部份會把海或湖填成直來直去之水道，這樣就是風水上的大忌。

若城市內海是彎曲，切不可把它拉直，這樣水流易來易去，真氣不能凝聚，這是標準的吉祥風水理念，但往往違反了現代人以實用為主的想法。繼大師認為這必須有真懂風水而且達到國師級水準的明師與城市環境發展規劃之官員一同共商洽議，達成共識，使城市更加興盛，這樣才能發揮真正風水學之功能，並非以風水學作為個人賺錢的學問，而是以利益大眾為目的，能達到生活和諧為首要。

城市在填海後形成彎曲葫蘆形內海

城市在填海後形成葫蘆形內海

在城市內海或內湖作堆填工程時能符合吉祥風水之修造方法，筆者繼大師將個人的經驗，提供意見如下：

（甲）若城市內海或內湖是廣濶而灣環的，其作法如下：

（一）依照原來之水岸綫作堆填工程，使灣環之水岸綫依舊，只是陸地增加，水域減少而矣。

（二）在城市內湖或內海之去水口方的附近，堆土填海，略為收窄水口，使成一個倒地之葫蘆一樣，葫蘆口向出水方，一彎一曲之葫蘆形是內海或內湖，其形狀可以不止一個葫蘆形，可以作波浪形，由大至細，葫蘆底在來水方，葫蘆口在去水方，相連之葫蘆形其中心若劃一直綫，其綫之方向可直，亦可以是弧形，（繼大師註：即內海或內湖是夾長之葫蘆形，中心軸線是弧形。）兩旁岸邊是波浪形，濶方是來水，窄方是去水，若不是葫蘆形亦可，只要山環水抱則大吉。

（三）去水口外之外海或外湖，亦可堆填出人造小島或建設大型水上建築物，如機場、貨運碼頭、大型基建或人造自然公園等，愈是多重，則發福愈是悠久，最好作「品字形」排列，一左一右，作外水口之關闌砂脈，島嶼上可種植高大樹木。

（四）在理氣方面，其內海或內湖，繼大師認為切忌犯上孤絕空亡大煞綫位，如觸犯則有大凶大煞之應，亦毋須專取當元之運，雖然旺運未至，亦不會衰敗，天地之數是很公平的，繼大師曰：

「一衰一旺一太極。生滅循環互不息。」

是為「風水顛倒輪一」，衰旺互相交替著，最安全之法，就是取雙水作法，則三元不易敗，

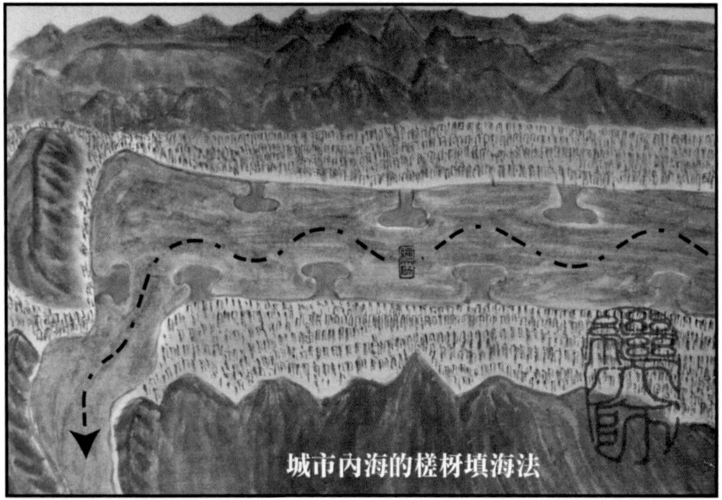
城市內海的槎枒填海法

二元互補，衰旺交融而長久平穩。

（乙）若城市內海或內湖是廣濶而直出的，其作法如下：

在內海或內湖之兩岸岸邊，用人工堆填泥土，其平面形狀像一個屋角之「平土照璧」，堆填多個，兩岸一同填出而互不相對，古代稱為「槎枒」。

香港內海九龍灣填海區

「填土部份」之大小，應按內海或內湖之大小作出比例而定，繼大師認為可將直長之流水部份填窄及挖深水道，以不影響船隻航道為主，這大小濶窄亦要依城市之比例而修造，此點最為重要，亦是關鍵所在，不可不知也。

原則上，城市之內湖或內海若是天然直來直去的話，這種情況，畢竟很少，大部份是後天人為因素所造成，在沒辦法中，只好作此權宜之計，若內湖或內海兩岸之海岸綫尚未堆填成直綫，那麼就不用填上「照璧型」之凸出部份，此凸出之「照璧形」堆填區，其作用在於使城市內海或內湖之水流迂迴而去，合於風水有情之原則，有利城市的興旺。

在蔣大鴻先師著之**《天元歌》〈第三章〉**（《相地指迷》武陵出版社〈卷二〉第42頁。）有云：

「我有水龍真要訣。水形有轉是真結。直來直去龍之僵。有灣有動龍之活。」

香港西九龍填海區

此段雖然說水龍之理，但水流之「直」與「曲」，是表示有情與無情之分別。所以在城市內湖或內海之堆填工作，必須設計周詳，使符合吉祥風水原則，必要時須捨棄實用堆填方法，亦並非土地愈填得多愈好，這是一面倒，必須要以風水智慧用於堆填湖海，否則因小失大，得不償失。筆者繼大師在這本《大都會風水秘典》對稿期間約半年前，適逢香港政府計劃在喜靈洲附近一帶海域進行填海造陸工程計劃，選址地點甚為適合，筆者將會在下一章詳論之。

另外，若城市之一邊是山群，而另一邊是大江、大湖或大海，對岸岸邊是矮山，或對岸之陸地離開城市頗遠，這種情形下，可在城市與對岸中間範圍海域，近海岸不遠處加建人工島嶼，填於海或湖上之人工島嶼與城市岸邊之間形成一條水道，其島嶼之海岸線最好是波浪形，或作凹形（順弓）而朝向城市，在適當位置可建碼頭供船隻停泊，這種吉祥風水的設計，可使水道成為航運之主要通道，可謂一舉兩得。

在內海或內湖上加建島嶼中，筆者繼大師建議可預留一水域，加建防波堤，（繼大師註：標準的防波堤約高18米，可以預防海嘯發生。）作為建設避風塘給船隻避風，使生氣凝聚其中，這是極合乎吉祥風水原則。避風塘作兩岸之明堂，兩岸互相對朝，這是非常有情的風水設計。

若在兩岸之左右末端再加建人工小島作關欄，令新形成之水道更加迂迴出入，能令生氣凝聚其中，風水更佳。繼大師認為在加建之人工小島上，可廣植大樹而成密林，或加建適當高度之建築物，這樣更為完美。

在一般人心目中，若增加城市之土地來源，必認為將臨海或臨湖之城市海岸堆加填海區，便可增加土地，這種作法是單向的，並沒有符合吉祥風水的條件，繼大師認為除非其大城市之兩岸相隔甚遠，則可填上新土地，若是其他情況下，均不適合任意堆填城市中之內海或內湖區域。

例如美國三藩市之內海（San Francisco bay），東面對岸是奧克蘭（Oakland），其兩岸距離較遠，中間有金銀島（Treasure Island），全島很細少，是一個訓練海軍的基地，可以說是三藩市的島上案山，亦是三藩市與奧克蘭之間的內海水口砂，側旁有道路及鐵路大橋連接兩岸，可惜是內海水位不深。

繼大師認為這種遙距之城市內海，則可適當地依其地域邊緣，用填海造陸方式，使其面積擴大，可將兩岸距離拉近至適中位置，則相對有情，亦可使生氣更加凝聚在兩岸內海之中，否則不填為妙。

以上所論，都是筆者繼大師多年來對大都會風水所研究之心得口訣，今揭露無遺，可謂天機盡洩，讀者宜努力鑽研，並珍惜之！

寫一偈曰：

堆填地理少人知
古法今用最得宜
莫謂地多水流直
人財兩空悔恨遲

《本篇完》

（九）香港填海造陸選址的風水（出書版）

繼大師

2018年8月8日，報紙刊登新聞說，香港土地供應專責小組倡議「強化東大嶼山都會」計劃，「智庫組織團結香港基金」則建議擴大在東大嶼山水域填海達至2200公頃面積土地，面積相當於半個九龍半島，預計工程達十一年之久。

此則新聞報導一出，社會多方面團體、人士作出反對的回應，有些人認為會破壞香港的風水，但他們並沒有一些實質上的理由及建議，亦沒有從風水角度上的理據去反對填海。

首先筆者繼大師分析香港大都會的風水形勢如下：

任何一個大城市，不離收得逆流之水，香港位於珠江流域海岸地區，北江、珠江、東江等三江之水，全由虎門出，珠江出口海域是伶仃洋，伶仃洋由北向南約七十公里長，東西海口闊度約由十至三、四十多公里不等，這內海之東面為深圳蛇口、后海灣、香港之流浮山、大嶼山，西面為順德、南沙、中山、珠海、澳門。

東江源遠流長，全長523公里，東江東面源頭由尋烏水（繼大師註：尋烏水長520公里在梅州市西北約一百公里，從椏髻鉢山源頭流經尋烏縣的三標、水源、澄江、吉潭、文峰、南橋、留車、龍廷，進入廣東興寧小寨、龍川渡田河、楓樹壩水庫流入東江。）和西面源頭支流定南水（繼大師註：定南水又稱貝嶺水、九曲水。）在廣東龍川縣楓樹壩匯合而成，定南水全長140公里。

香港大部份所有食水供應都來自東江，東江流經的地域，近經至河源市、惠州市，是東江流域上所結作的城市，中國大部份河流都是向東流或向南流，很少向北流或向西流，東江水最奇特的地方就是從惠州向西流，經東莞與珠江交滙於虎門出獅子洋至伶仃洋。廣州市因為下關水口為虎門，衆水所會，所以成為廣東省的都會。

在水流方面，除了東江、珠江及東莞、番禺區域等衆多支流滙入獅子洋而出珠江口外，大部份水流由中山、珠海之西北方流來，有沙灣水道、蕉門水道、洪奇瀝水道、雞鴉水道與小欖水道滙入橫門水道，全部流入伶仃洋。另外西江流經近澳門西面的磨刀門出南海，臨近南海分出另一分支由崖門水道經崖門出南海。

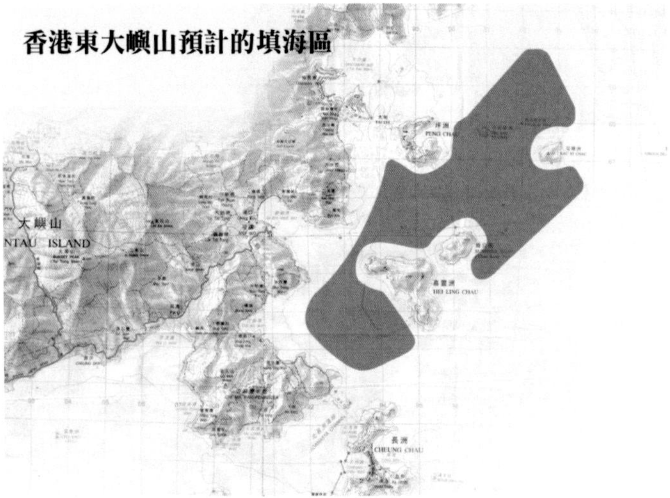

香港東大嶼山預計的填海區

珠江口西面近中山、珠海、南沙一帶由北向南排列的島嶼，有龍穴島、橫門島、淇澳島、大九洲、澳門之氹仔及路環。東面近深圳蛇口、香港屯門之青山一帶由北向南排列的島嶼，有小鏟島、大鏟島、內伶仃島、龍鼓洲及大嶼山，澳門與大嶼山之間的南方有萬山群島（繼大師註：萬山群島有超過30個小島，不包括香港南部海域的小島。）這所有的島嶼，都屬於珠江口出伶仃洋的「水口砂」。

所有水流流出伶仃洋，筆者繼大師認為最大而最有力的水口砂就是大嶼山，從深海圖所顯示，內伶仃島分隔了兩條較深的由北向南行之海道，內伶仃島的地脈來自中山區域，內伶仃島的海底地脈與大嶼山相連，大嶼山由東向西橫長地關闌着珠江口一帶的出水水流之生氣。

由於大部份水流流入大海而成為一股海流，海流的生氣有八成去香港地區，澳門佔二成，澳門同時得到大部份西江水的生氣，（繼大師註一）最後西江經馬騮洲水道，再繞經澳門西灣大橋出珠江口，澳門西北部再得中山三鄉鎮的支流及鴉崗運河繞經「坦洲鎮、前山」連接入澳門的濠江經西灣大橋出珠江口。

（繼大師註一：西江是珠江的主幹流，發源於雲南省曲靖市沾益縣馬雄山東麓，在廣東省佛山市三水區思賢滘與北江相匯後注入珠江三角洲，主流最後經珠海市磨刀門流入南海。從源頭至思賢滘，西江水流全長2075公里，流域涉及中國雲南、貴州、廣西、廣東和湖南等5個省，以及越南東北部部份地區。）

八成珠江出水口的水流生氣被蛇口、流浮山、大嶼山所阻擋，因此赤鱲角填海所興建的機場，曾經發生下陷的情況，就是由於水流太急所致，小部份海流流去大嶼山之西南面，大部份流去大嶼山之東面，經龍鼓灘對開的龍鼓水道、大欖去荃灣、馬灣海峽、汀九、青衣、汲水門、藍巴勒海峽至中環。

中環為水流最聚氣之處，然後往東面走，經鯉魚門出將軍澳，至佛堂門東部海域，另一面的水流流去西環，在整個香港內港來說，西環為來水方，來水方闊，鯉魚門為去水方，去水方窄，全符合了城市發達興旺的風水原則，維多利亞港內海的生氣最為彎環凝聚，西環、中環收逆水最為強勁，因為西環地勢略低，經常受到強勁海水暗流之衝擊，所以在颱風襲港時經常受到海水入侵，以致岸邊水浸。

筆者繼大師在隨 呂師學習風水期間，得到恩師教導，呂師謂：「全個九龍半島是中國南部盡止之地，大帽山為全個香港的祖山，落脈至美孚，經昂船洲至中環起出太平山。」

太平山又名「扯旗山」，是香港島的祖山，然後向四週不同地方落脈，「昂船洲」是過龍的水星，劉若谷先生著《千金賦》云：**「腰間帶水星。定是龍去不遠。」**此水星正是昂船洲也。

由於西環地區太露、太蕩，容易被風及海浪沖打，東博寮海峽是界水位，出現在南丫島與港島南之間，海溝分隔開大嶼山及南丫島與香港島之脈氣，海水水流餘氣經過東博寮海峽，繞過港島西環向港島西南而東行，至赤柱後而在南方散出南中國海。

深灣與淺水灣之間的香島道地區，是由港島南方紫羅蘭山南去落脈，是最為得脈氣及得逆水之地，整個赤柱地區為它的下關砂，關闌着海流的生氣，所有三江向東南流出之水流生氣，全止於此地。晉、郭璞著**《葬書》**（《葬經翼、葬經翼箋注合編》集文書局印行，第196頁。）云：

「風水之道。得水為上。藏風次之。」

香島道南方又有熨波洲作案山，難怪住在香島道的屋主，全是富貴人家，而香島小築的主人，更是第一任香港特首人選。

這填海造陸計劃，位置在東大嶼山近「坪洲、喜靈洲、交椅洲」一帶水域，若填海造陸完成，地點距離港島西只有四公里，東南面有南丫島，東面有港島西區、青洲、西九龍，東北面有美孚、葵涌貨櫃碼頭、青衣島、荃灣。北面有馬灣、深井，大欖郊野公園山脈，西北有整個大嶼山東部至中南部的山脈，西面及西南面有南大嶼山郊野公園山脈，南面有長洲、石鼓洲、銅鑼灣、小東灣、黑洲、亂石灣、側灣、中國境內的萬山群島、佳蓬列島、担扞列島等。

填海地方四週被眾多島嶼包圍著，整個大帽山至大欖郊野公園的山脈，為整個填海區的北面遠方靠山，南丫島與長洲為填海區之南方守護島嶼，以新填海區來說，南丫島為「左執法」，長洲為「右執法」，（繼大師註：以一個國家首都的大城市來說，以坐北朝南為主，風水上稱為「紫微垣局」，正前方平地為明堂，前方左邊有山峰稱為「左執法」，前方右邊有山峰稱為「右執法」，是守護紫微垣局的前方山峰。）

填海區南方約五至七公里遠的南丫島與長洲之間，東西約有八公里闊的海域，正可作為填海區的南面水口，填海地點可算是非常聚氣。

因為填海地區在小島及其邊緣海上，容易受颱風吹襲，筆者繼大師認為填海地區要分成兩個高度，近海的邊緣範圍，填海的陸地高度正常，但在填海地區中的建築物範圍，填海的陸地要高出約十至十五米，這是避免颱風吹襲香港時，把大量海水浸透房屋的地下部份，以致地下容易水浸。

其次，在填海地區範圍外的海域上，在適當位置建設防波堤，最理想的是在不同距離建設三道防波堤，據前香港天文台長林超英先生所說，防波堤最理想的高度要18米，以防止現時的超級強大颱風，甚至是海嘯的災難，在風水學上就如同大陽宅的案山，有着保護作用。

填海地區雖然極佳，但可惜各方面民眾反對，聲音不絕，政府難以實現施政，若此決策能夠成功批准，這都是香港人的福氣，相反就是香港人「無運行」。

以風水角度來看，筆者繼大師認為填海造陸的選址非常恰當，完全配合大陽宅風水格局，繼大師在此預言，未來大嶼山的發展，可謂一日千里，這正因為香港是整個中國南部的盡龍之處，衆水所會，單是珠江的長度已達2400公里，遠從雲南而來，流水量是全中國繼長江之後的第二大江，雖然長度不及黃河，但比黃河的流水量還要多，是中國境內第三長的河流。珠江水系共有大小河流共約774條，河系總長度約360000多公里，是中國南方最大的河系。

香港屯門的青山（583米高）與中山的五桂山（530米高），為珠江出水口的華表山，為「桿門守水口」之山峰。大嶼山雖說是水口砂，但它的脈氣經由廣州、佛山、南沙之黃山魯、伶仃島而至大嶼山，它的左方（東面）是整個九龍半島及香港島，右方（西面）是整個中山、珠海區，兩地山脈在左右守護著，廣州是中國南方龍脈盡止之都會，龍行水纏，山水聚會，盡止於此地，而香港更是龍脈止結的逆水都會。

隨着港珠澳大橋在2018年10月尾的通車，使港珠澳三地更密切地相連，大橋把以北的珠江口伶仃洋整個地區的生氣關鎖着，使整個珠海、廣州市、深圳市更為興旺發達，另外東涌機場、青山、元朗一帶，亦會相繼旺盛起來。

很可惜的是，香港水口走東南「辰巽」方，2044甲子年，踏入小三元元運入一白運，大三元元運入四綠運，在理氣方面極為失元，公務員辦公室搬離灣仔、中環，地氣盡失，管治混亂，施政難湊效，加上添馬艦新香港政府總部建築古怪，中央破了一個大洞，前方明堂又被一巨形的三角地形（尖火形煞）正正所插，批准此項建築的人已成「階下囚」，開幕那天又跌死了一個藍帽子警察，一名高官又患上退伍軍人症，正是：

「龍虎相鬥無主人。火煞當前插。妹仔大過主人婆。奴才更欺主。」

願「God bless Hong Kong」。

《本篇完》

（十）城市橋樑之作用——設計橋樑之法則

繼大師

大凡一個都會，若非三面環山，則是兩面群山相對，必有水流流經，或是大海、江、湖在中間，平地都會亦如是，河流是構成運輸交通之要道，而陸地則主要是公路，以現代城市而言，飛機、高速鐵路、火車、汽車、巴士是人們主要之交通工具，公路之開發，自然需求增加，這樣在河道或臨海、湖之兩岸，必須建高架橋樑作運輸通道。

在都會中之橋樑公路或鐵路，在計設上除了省時、直接、快捷為原則外，在風水上的計設，繼大師認為最好能配合整個都會之大勢格局，這可能與實際城市開發之設計有衝突，若當地政府之城市發展設計官員能真正懂得風水，配合規劃，則是最好不過了。

橋樑關鎖水口內氣 (一)

橋樑除了連接兩地交通外，它在風水上的作用，有關鎖內氣的功能，「內氣」是指都會中心之平地，或內海中所存在的生氣，若一方是高山，高山方必是來水方，低之一方是去水方。若都會中群山兩面相對，中間是內海或內湖，若相隔較濶之一方是來水方，相隔較窄的一方是去水方，這樣是最好的。相反，濶方是去水方，窄方是來水方，這樣的都會，來氣少，去氣多，不能大大興旺，經濟發展較不為理想，錢財必來少去多。

生氣來去的原則，筆者繼大師述之如下：

（一）去水多，來水少 —— 錢財是虧多賺少格。

（二）來水多，去水少 —— 錢財是賺多虧少格。

來去二方之水流，其決定在於：

來水方 —— 是高地，群山高聳。或是在半島上的內陸方，或是水流之上游方。

去水方 —— 是低地，一片平田或平地，或是半島之臨海方，或是水流之下游方。

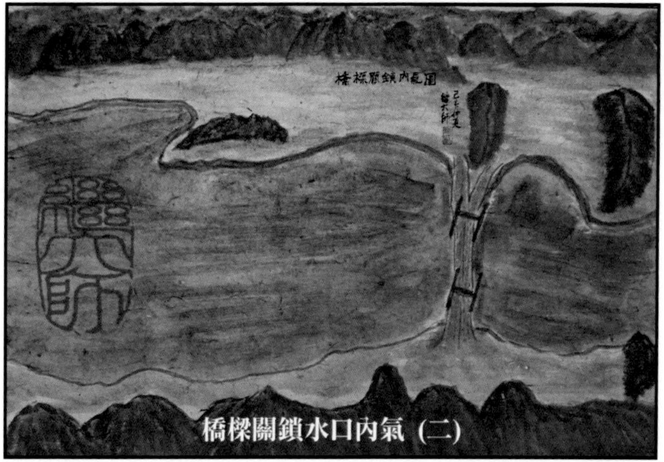
橋樑關鎖水口內氣 (二)

橋樑之作用，能夠將大都會的去水方關攔，繼大師建議大橋樑最好建在去水方出口連接都會之兩岸處，切忌在來水方建大橋，除非來水方急湍，因來水急必帶水煞及風煞，大橋可作擋砂之作用，避免水流急速沖入市鎮中心，而造成氣流的沖擊，破壞生氣的融和，若內氣不存，氣亂則人口不安，不能久旺。但若大橋建於急湍之水流上，它在結構的建造上，頗要小心了，必須加強建造材料的堅固性。

有一些城市，中心是內海，兩岸相對，觀現今世界之這種大城市，大部份都是在城市中心建築高架大橋直直地連接兩岸，把城市中心分割成兩區，這樣會把最中心聚氣的地方做成破壞，筆者繼大師說其原因如下：

（一）橋樑在市中心處，把都市分割成兩區，若然如此，左右之來去水方必然分隔開，會做成一邊城市能接水神，一邊城市是送水神；都市地域興旺不均勻，易做成貧富懸殊。

（二）城市中心是心臟區，亦是市內最聚氣之一區，若然興建大橋在其中，汽車行走時，必做成氣動，氣動則亂，氣亂亦做成破壞，不能興旺久遠。若然非建公路不可，筆者繼大師建議可興建行車隧道代替之，隧道是暗，橋樑是明，隧道不會影響市內之氣動亂，有擋截來水沖擊之功能，並有關欄去水之作用，亦不影響都市的外觀。

橋樑除了顧及地點之風水外，亦要配合都市發展的交通網絡，連接附近都市之交通，都是決定橋樑選址的要素。在建興橋樑時，筆者繼大師認為在風水的理氣方面，要注意到：

（一）橋樑之方位 —— 其方位是環繞三方面為主，首是以都市之來去水口為主，其中又以去水口為首，來水口為次，要配合都市的祖山位置；再者是以都市中心處為主，能配合地方政府總部及首長官邸，在其吉方處興建，縱使不能全部相配，也要與來去水口相合，此點是全城命脈之處，決定興旺之關鍵。

這正是蔣大鴻先師在**《天元歌第三》**（《相地指迷》武陵出版社〈卷二〉第51頁。）所說之：**「向首一星災福柄。去來二口死生門。」**是也。

（二）橋樑之向度——橋樑之方向很重要，它要配合整個大都市的地勢而定向，與它所在之方位相配，它的「曲直」設計要視乎城市之地形而建造，其「曲直」之方向亦要留意。

不論橋樑之方位或方向，其最重要之處，切不可犯上以下兩點：

（一）煞向——大空亡及小空亡。

（二）煞運——方向及方位未能配合元運之興旺，山水零正二神，未能得運。

橋樑關鎖水口內氣 (四)

24.08.2005

以上兩點均要配合城市之祖山、來去水口及橋樑之方位及向度，所以，一個城市之興旺，它有着巒頭之因素，亦有理氣因素，它的興旺是自然而然的，可以說，一切都是定數，亦是應運而生，若然能用大陽宅風水學理配合設計，就能錦上添花；但是，總離不開：「天時、地利（風水地理）、人和」等三種要素，不能單靠風水之力，否則易入於迷信矣，而風水是輔助，一切都是因緣際會而成。

橋樑關鎖水口內氣 (五)

筆者繼大師雖不是讀建築學，只是從風水角度上作出建議，從外觀方面，橋樑之建造，除了符合建築力學、結構及有關之學問外，它的外相要有情，美觀是有情的一部份，不是全部，須以圓形（金）為主要設計之綫條，亦須配合中國傳統之五行（金、木、水、火、土）形態而作出有情之外觀，以相生相尅之原理達成平衡，切忌三尖、八角、菱形、漏洞、缺角（不對稱）之設計，尖角多則易犯上尖尅凌亂之弊病，一切建造，須依此設計為主。

在鄉村中的橋樑，是大都會橋樑之縮影，其功能及作用均一樣。古代中國橋樑的設計，多以圓拱形為主。在美國西雅圖地方，更建有浮橋於內海及湖泊上，連接各大高速公路，浮橋之設計，亦有關欄內氣之作用，是「形欄意不欄」，即是湖面上的船隻不能越過，但水中所有生物均不受影響，水流之動向亦不妨礙。但是，從橋之高低大小而論，在出水口的地方，高大的橋樑更能欄截市鎮中之內氣，以眼見大小為主，高低是順逆之因，橋樑之大小亦與城市之大小相配，這也是外觀因素。

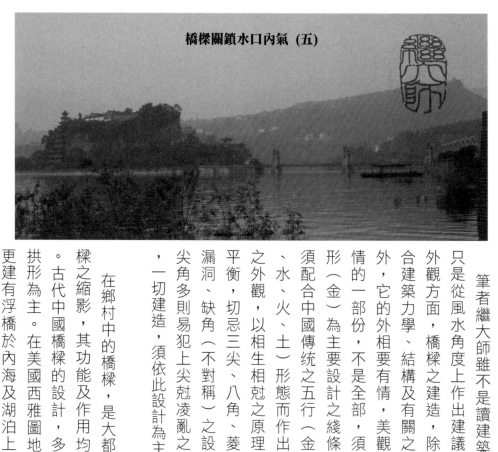

以此原理，可適用於鄉村屋前之河流溪澗上，若鄉村陽居平房屋建在平地上，門前有水流經繞，建小橋時，首要觀察水流方向，何方是來水及去水，以屋門面對河流之方，選擇下游之去水方建小橋，則有關鎖水流生氣之作用，是逆收水神，富貴與貧窮，一順一逆之分野而矣，「水流」正是「去來二口死生門」之要義。這是何等重要啊！

寫一偈曰：

水之去來
影響錢財
橋樑關鎖
金銀自在

《本篇完》

繼大師

（十二）都會中之人造文筆塔的作法－塔之功能

中國是一個歷史文化悠久的古國，全世界四大文明古國僅存的國家，歷代文人甚多，讀書被認為是當官之途徑，自古文人為政當道者甚多，亦即是知識份子。歷代有狀元科舉之試，而風水學上有出狀元之文筆峰，稱之為「狀元筆」。

東南方之人造文筆塔

據《地理人子須知》第104頁（繼大師註一）記載，在北宋嘉祐四年己亥年（繼大師註：公元1059年，剛好今年2019年亦是己亥年，是960年前，16個甲子年後。）有吳景鸞國師在婺源縣（繼大師註二）丹陽鄉環石里地名「官坑半嶺」與朱氏四世祖「朱惟甫」及其妻程氏點穴造葬，其穴坐壬向丙（繼大師註：坐北向南），南方遠處有一特朝之山（繼大師註：專為穴所用而對正碑墳，與穴對朝。），是屬火形尖山，高聳入雲，附近眾山均以此尖山為首，群山環繞，正是透天文筆特朝之山峰。

此墳穴在未造葬之前，曾有對其後代之預言詩句，云：

「官坑龍勢異。穴高眾山聚。坎離交媾精。筆峰天外起。富不及陶朱。貴不過五府。當出一賢人。聰明如孔子。」

吳景鸞國師在公元 1059 年造葬朱氏四世祖 71 年後，于公元 1130 年戊月在南劍州出生了一位大文豪，就是朱熹夫子（繼大師註三）。

在風水學上，凡有尖形山在遠處高聳朝穴，或有三個火形（繼大師註：三角尖形，尖頂向天。）山峰相連（繼大師註：稱為筆架峰）而朝向墳穴，主蔭後人文章出衆，而山峰形態是天生自然的，若鄉村陽居或城市中有文筆峰或筆架峰出現，亦會增加其地方的「文字」文化氣息。而這種山形屬立體豎立式的，亦有眠體式的，即是在高空平面看去，其形狀是三角火形或筆架形等。

中國歷代堪輿明師，為了修改風水，他們很喜歡用人造塔，建在陽居或墳穴之正前方，或在其東南方，風水上稱為「巽方」。筆者繼大師曾在惠州西湖邊之一小山丘下，考察一古墳，正是大文豪蘇東坡先生的妾侍「王朝雲墓」，墓穴坐西北（乾）向東南（巽），正向西山頂上之泗洲塔，正是以人造塔作東南巽方文筆峰，古墳碑依泗洲塔定向度，而塔建在先，墳築在後。蘇東坡先生晚年在儋州（繼大師註：儋州即現時之海南島。）栽培他的第三子蘇過，使他成為詩人畫家，以致後來被宋徽宗請入宮中為他的新殿牆壁繪畫而被讚譽，這不能說與此泗洲塔無關。

番禺石樓鎮大魁塔

人造文筆塔（一）

明、李默齋地師曾在其著作《闢徑集》（繼大師註四）第 182 頁云：

「巽上有峰出狀元。潮之林大欽祖墳。（註）**是巽上記峰。彼從少號巽峰。竟發元首。有施堯臣官直隸之常州。亦於巽上起一塔。不數載而孫繼皋**（註：皋音高 — 水邊的高地。）**亦中狀元。此今事之可徵。古語之足信也。」**

（註：林大欽 1512 年 — 1545 年，字敬夫，號東莆，小名大茂。廣東潮州府海陽縣東莆都，今潮州潮安縣金石鎮人士，祖籍福建莆田，明代狀元。

施堯臣 1493 年 — 1586 年，字慶甫，直隸池州府青陽縣人士，明朝政界人物，官至順天府尹。嘉靖二十九年，公元 1550 年庚戌科同進士出身。

孫繼皋 1550 年 — 1610 年，字以德，號柏潭，直隸無錫縣 — 今江蘇無錫市人士，明朝政界人物，萬曆甲戌公元 1574 年高中狀元，時年 25 歲虛齡。）

而風水古法中，以東南方有高峰，最好是火形山，或有人造塔樓，這樣之陽居或祖墳，其後代可生蔭出文章出衆之人，此為之「一四同宮。準發功名。」而明、李默齋先生在考察完古墳及陽居後，發覺果然真有其事，更加証明古法之可信。

人造文筆塔 (二)

筆者曾在回鄉祭祖期間，有一叔父在文革時期曾參與紅衛兵反迷信行動，他聲稱在那時曾參與拆卸封建時代之建築物，其中在惠州市近東江與西江之交界岸邊，有一近千年之古塔，當眾人在塔之頂層準備拆除時，發現塔頂有一錦盒，內有一線裝古書，一看之下，內容竟然是說明此塔之作用是座鎮東西兩江，以制煞氣，並說出因煞氣大，此塔應於此日此時被拆，而拆卸當日，其日期竟與書中吻合，後古書上繳中央而不知所終。

筆者繼大師於 2015 年底回惠州市，見東西江交接的岸邊處，有一新建的人工塔樓，與西湖古塔相若，估計應該是在拆卸古塔原址重建。

中國傳統所建的塔樓，除了美觀之外，在風水學上有着兩種功能，筆者繼大師述之如下：

（一）中國傳統塔樓，其形狀像一支筆，可代替文筆山峰，是為人造文筆塔，在所建之地，可蔭生文人雅士，對智識文化有一定的影響。

（二）傳統古塔樓之建設，容易成為地方標記，在遠處易被看見，傳說古塔可座鎮河流之煞氣，這是一種演繹上的錯誤。

人造文筆塔（三）

真正的原因筆者繼大師現詳述如下：

中國之河流不論是由東向西流，或由北向南流，它都是由高向低流，所以在沿海一帶，其河流出海之水口衆多，上游多是高地，下游是低地而連接大海，在風水學之理念是：**「水流則山脈之氣亦流，山脈行走，水亦纏繞。」**

在秦、樗里子（註：樗音書，樹木名） 著之**《青烏經》**（繼大師註五）有云：**「山隨水著。迢迢來路。挹**（繼大師註：挹音泣，即牽、拉之意）**而注之。穴須回顧。天光下臨。百川同歸。真龍所泊。孰辨玄微。」**

水口方之人造文筆塔 (一)

這段經文說明：「山隨水著。」及百川之流同歸一處，是真龍之所駐，水流附在窩凹之土地上，而水氣附於水流上，地氣所聚處是謂之「穴」，風水學上稱之為水龍，而平洋之地無山丘，以水流為自然界之動力，故又稱為「平洋地」。平地水流流注入大海，將大量陸地之沙石帶入海邊之處，長久堆積成沙土陸地，或成小島沙丘，所以古今地形不同，變化很大。

在風水學上，在水流流向大海之邊緣處，以有小島或高山出現為妙，出水口窄及有關闌，為之吉祥風水，若小島是石島，或全是石山，在風水術語上「大石」

水口方之人造文筆塔 (二)

稱為「北辰」，「小石」稱為「羅星」。不論石山或土山，其形狀像飛禽或走獸，則稱為「禽星」，由於出現在出水口處，故有「禽星塞水口」之說，在水口兩岸相對之高山，稱之為「華表山」及「捍門」（繼大師註六）。

無論是北辰、捍門、羅星、禽星、華表……等，皆統稱為「水口砂」，它的功能是阻礙水流之氣流出大海，使水氣凝聚，然後慢慢流出大海，這樣在近海之城市，愈是多重山脈或小島出現於出水口處，則愈是發福久遠。這就是風水學上之正確理念。

楊筠松地師著**《撼龍經》**（繼大師註七）第56頁云：**「關闌之山作水口。必有羅星在水間。大河之中有砥柱。四川之口生灩澦**（繼大師註八）。**大姑小姑彭蠡**（繼大師註九）**前。採石金山作門戶。更有焦山羅殺石。雖是羅星門不固。此是大尋羅星法。」**

此段說明水流之出水口，必有山丘作關闌，稱之為「羅星」，而大河中間有巨石能使水流速度減慢，又引用如四川長江流經之瞿塘峽上游之口，是全個四川之水口門戶，有兩巖對峙，長江中間有一巨石，名「灩澦堆」，在江心突出，座鎮水口。「大姑小姑」

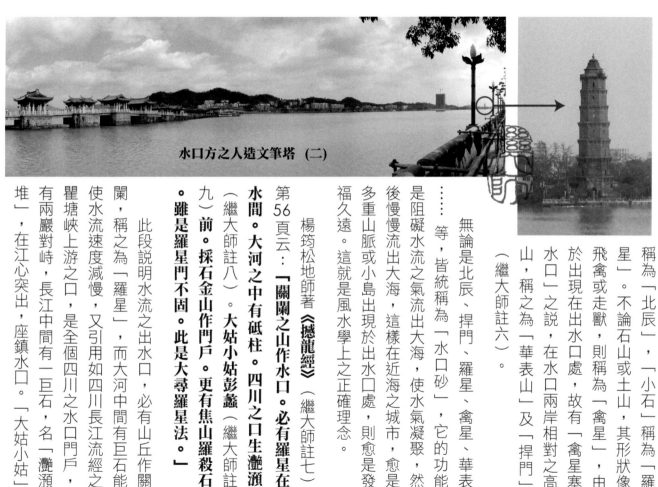

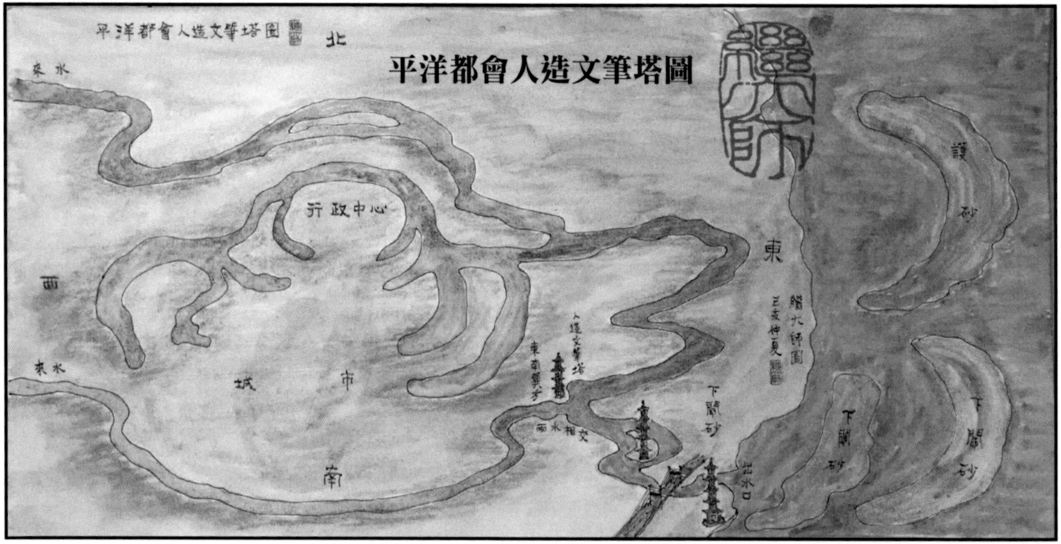

即大孤山及小孤山，大孤山在江西湖口縣，「彭蠡」即鄱陽湖，湖中有一峰獨峙，是巨石成峰，獨立湖中。小孤山在江西彭澤縣北，有石峰孤峰聳峭，屹立在大江中，是謂「北辰鎮水口。」

「採石」即「采石磯」，在安徽當塗縣西北，牛渚山北突入江中之磯（繼大師註：磯音基，江河邊上被水沖擊之巖石。）此石山在采石山下長江邊，此石柱高大，突兀峭璧間，傳說有金牛在此石中，故名牛渚山。而「金山」在江蘇鎮江府西北七里楊子江中，金山與焦山同為京口三山。焦山在江蘇鎮江府東北九里，形狀如兩獅子，雙峰截江水之下游。羅剎石即羅漢巖，又名羅漢洞，怪石巉巖，宋理宗親書羅漢巖三字，金焦二山，均是大江羅星，可惜長江下游兩岸無高山作關闌，缺乏下關砂，垣局長而不全。所以楊公稱：**「雖是羅星門不固。」**

所以，巨石、石山在河流的中間出現，有關欄水氣之作用，愈多重則發福愈悠久，這樣，人工文筆塔若建在水口山之頂上，或河流兩岸適當之位置上，它就有着「關攔江河水流」之作用，並非謂「古塔可座鎮河流之煞氣」。

當我們得知人工建塔之功能後，繼大師認為可應用這些原理作修改城市都會的風水，其方法如下：

（一）找出該城市首長辦公室之建築物，以該處為中心，在其東南方（巽方）之範圍，找出適合之風水位置，最好在小山丘頂上，而後方又有山群作靠，附近又沒有高大之建築物遮擋，在遠處可清楚地遙望，地點找着後，可建一人造中國式的塔樓，八角或六角形均可，比例適中，塔高七層，最好與政府首長之辦公室互相能遙望，而辦公室當然最好是在陽居之結穴處，能得地靈之氣相助，則事半功倍。

（二）在城市都會中之出水口處，在兩岸邊之山丘上或適當位置，加建人工文筆塔，能使出水口之氣流關鎖，更可配合城市之行車大橋，相輔相成，此種建造，更適用於平洋結局之都會城市，因平洋城市沒有山峰關攔水流真氣，以人造塔之加建，可補其一二，若在城中心之東南方（巽）位，又能配合出水水口位置，則更具效果。

琶州塔

至於人造文筆塔之外貌，最好以美觀有情為佳，像廣東惠州西湖之西山山頂上之泗洲塔，是屬於有情之外相，亦可依其大小比例參考而建。

古人明、李默齋地師在其著作《關徑集》〈卷二〉最後數語（繼大師註十）有云：

「以潘司衙署。取巽峰方。於琶州之間。築一塔。可五六層。則秀氣照耀。鍾於人文。不數載而吾廣登會狀者。可跂足待也。使吾廣大運將開。文人宜盛。天必生一特達之士。祿位高崇。精神可以驅山岳。叱咤可以運風雷。而後能為主。斡旋其間也。噫嘻。一舉而百世之利存焉。能無厚望於諸君子哉。」

此文寫於明嘉靖廿七年戊申年（公元1548年），是香山小欖李默齋先生的見解，文中有「一舉而百世之利存焉」，古人以三十年一世，百世即三千年，比喻能利益後代很長時間。此文寫後318年，即1866年丙寅年，香山之翠亨村出了中國近代一大偉人，就是國父孫中山先生，正如文中所説一樣，不知是否偶然，又或者是巧合，又或者是牽強附會吧！

不管如何，李默齋先生的風水學問，都是以楊筠松地師及歷代名家之風水古法為理據，這人造文筆塔與出水口之配合，實是都會城市改建風水的良方，依現代二十一世紀之科技，改建城市中之風水，實在不難，難就難在政府對傳統風水之相信與否，而現代人更有自創的風水法門，不依古人明師之理，更不依古法，又是真偽風水混雜的時代，真真假假，真教人難以適從，倒不如不信為妙。

屏山摘星樓

屏山摘星樓原本七層高，但因颱風吹襲現只剩下三層。

更有風水師自稱精於陽宅風水，不是學陰宅風水，其實，風水那有陰陽劃分，只是用法不同，道理均一樣的，若得不到地氣助力，風水也不用談了，只是結地大小不同吧，地方大者結穴宜建陽宅，地小者結陰宅，學習風水者，應當以智慧辨之。

而這人造文筆塔之作法，正是古法今用，不離古人明師之風水理論，這更是筆者繼大師自隨恩師 呂克明先生學習以來之體驗，不知花了多少心血鑽研呢！今毫不保留地公開其理，望有志研習風水者領悟之！

寫一偈曰：

筆砂筆架發文章
人造筆塔理一樣
東南筆砂並筆架
狀元及第塔文昌

又：

水口迂迴重重去
左右兩旁山山闌
北辰巨石鎮江山
帝都城邑財氣聚

水口砂之人造文筆塔

人造文筆塔

繼大師註一：《地理人子須知》明、徐善繼：徐善述合著，乾坤出版社出版及發行。另有武陵出版有限公司出版（風水系列 ── 57，編號 103。）

繼大師註二：婺源縣，屬江西省，本休寧縣西南界迴玉鄉。唐開元廿四年設縣，因婺水（婺 ─ 粵音務 MOU，國音 WU）繞城三面而得名。

繼大師註三：朱熹，字元晦，又稱朱文公。南宋江南東路徽州婺源人，生於福建路尤溪縣。南宋理學家，程朱理學集大成者，學者尊稱朱子。朱熹夫子生於公元 1130 年，自幼聰穎，家境窮困，紹興十八年（公元 1149 年）年僅十九歲中進士，經歷高宗、孝宗、光宗、甯宗四朝皇帝。于公元 1200 年逝世，享年 71 歲虛齡。

繼大師註四：《闢徑集》明、李默齋著，香港上海印書館出版，一九九六年六月香港再版（修訂本），即集文書局出版之《地理闢徑集》。

繼大師註五：《青烏經》 秦、樗里子著，此段收錄於《珍藏古本堪輿秘笈奇書》第二九碼頁，士林出版社出版，一九八八年三月出版，一九九四年元月再版。

繼大師註六：「華表山」及「捍門」見《地理人子須知》第 284 頁處有解釋。

繼大師註七：《撼龍經》楊筠松著，武陵山版有限公司出版，風水系列 — 54，編號 61，四庫全書版本 ISBN 957-35-0457-X

繼大師註八：灩澦，音驗預，指灩澦堆，在四川奉節縣東，長江三峽之瞿塘峽，也稱淫預堆，俗稱燕窩石，是長江瞿塘峽口中的巨石，風水學上稱為北辰星，水流因長期流動，把河流兩岸之沙土沖走，唯一沖不去的，就是巨石，所以巨石能減低水流之沖力，故有：「北辰鎮水口」之説。

繼大師註九：彭蠡（地方名讀音「禮」，又可讀「黎」），是湖名，在江西省。在辭源修訂本上冊，商務印書館 2000 年北京第六次印刷，第 1065 頁之解釋云：唐張守節正義引招地志：「彭蠡湖在今江州潯陽縣東南五十二里。」隋時因湖接鄱陽山，故又名鄱陽湖。

繼大師註十：《闢徑集》第 182 —— 183 頁，出版資料與「註四」相同。

《本篇完》

（十二）《垣局篇》註解釋義

在楊筠松先師所著《撼龍經》內，有《垣局篇》古本流傳下來，但其中經後人刪改及增加，以致各篇章法凌亂，後有民初地理師廖平先生（字秀平）約於公元1919重新編修，其長女及門人整理草稿，以《撼龍經》內的《經、傳、說》取出《垣局篇》，歸納集中，依照文義而順序編排，是歷代風水學說中較為完整的城市都會風水著作。（可參考楊筠松著，廖平注《廖注撼龍經》009至033頁，武陵有限公司出版。）

此楊公之《垣局篇》，是大陽宅風水必讀的經典，歷代風水明師很少論及，內有後唐帝都洛陽的描述，借天象之星辰去述說大城市陽宅的結局，讀者若細心品嚐，必有所得。

現筆者繼大師將唐、楊筠松先師著**《垣局篇》**——（自**《撼龍經》**傳訂本）詳細解說如下：

《垣局篇》

《經》北辰一星天中尊。上相上將居四垣。天乙太乙明堂照。華蓋三台相後先。

繼大師註：「北辰」—— 指地球北極位置，北半球佔地球三份之二地氣，南半球佔地球三份之一地氣，地球兩極不動，地氣向南北週流，故北半球以坐北向南為主，南半球則以坐南向北為主。這指廣大地勢的位置而言。

凡是一個垣局，必然三閉一空，城市就結在垣局內之平地上，或在山崗地區略平之地上。垣局三閉的中間後方靠山就是「北辰」，主位就在城市內最中最厚的地脈上，然後有父母星辰，如北京紫禁城後靠之景山，亦即是「北辰」，主位的陽宅結地稱之為「帝座」。

「上相、上將」——指在正長方形垣局（繼大師註：垣局中以南北向為太微垣局。）接近後方的左右位置的山峰，是屬於垣局「羅城」上的山峰，有守護主峰之功能。

「羅城」——指在平地上環繞三方（三閉）及略低之一方（一空）之相連山脈，即是所有環繞城市的週邊山脈，有保護垣局的作用。

「天乙、太乙」——指垣局內之正前方左右山峰，為垣局內帝座主位的遠方朝山，又稱「前照星」，有關攔垣局內生氣的功能。

「華蓋三台」——指垣局正後方的主要靠山，通常是橫列的後方靠山山脈，一般稱為「大幛」，為橫貫之山嶺，以嶺上起出三個山峰為吉，最中間的山峰宜高出，左右邊相連的山峰略低，故稱「三台」，「華蓋」形容像皇帝出巡，有侍衛隨從持御傘遮蓋守護，故「華蓋」一定是指後方靠山。

《傳》輔為上相弼次相。破祿宿衛廉次將。文曲分明是後宮。巨門貪狼帝星樣。更有武曲最尊貴。喚作極星事非誑。三垣各有垣內星。凡是星峰皆內向。

繼大師註：山峰形狀有金、木、水、火、土五行之形。「破」即破軍，「祿」即祿存，「宿」即星宿，「衛」即守衛，「廉」即廉晶，「文曲」即山峰波浪形的文曲水星，「巨門」即平土形山峰，「貪狼」即聳身的木形山峰，「武曲」即高聳圓頭金形山峰，名為「九星」。

金形山是頂部圓形，腳濶而向左右伸展。
木形山是頂部少圓略微小尖，峰形聳身矗立。
水形是山脈橫嶺，頂部排列成波浪形。
火形山是峰頂尖銳，尖形山峰為獨火，又稱「廉貞」。
土形山，峰頂平，腳濶或腳兩邊垂直。

楊公倡五星，傳至廖禹，他將五星再化出九星，筆者繼大師述之如下：

（一）貪狼——木形山峰，峰形帶尖帶小圓，聳身矗立，大稱「貪狼」，小稱「紫氣」。

（二）巨門——土形山峰，對稱的平頂形山峰，兩旁是方角或圓角，或一方一圓，巨門多以山丘形態出現居多，故其高度不高，但亦有例外。

（三）祿存——不規則的土形山峰，其平頂高低參差，或並連不等，山腳有脈如筋直下。

（四）文曲——水形山峰，山嶺頂橫而潤，頂是波浪形，多以大幛形態出現，如香港大埔的八仙嶺。

（五）廉貞——火形山峰，山峰頂尖銳而腳略潤，即三角形山峰，峰頂大多數是石質，因受八風所吹之故。

（六）武曲——金形山峰，整個山峰頂闊圓而飽滿，腳不潤不窄，山峰形態高聳而威武。

（七）破軍——金形山峰，山峰頂圓，兀立，全是石山，山腳若帶尖脈而下，謂之「天罡」，大多數都是凶星。

（八）左輔——土形加金形山峰，雙峰並連，一峰平頂而邊角圓，一峰是高出之圓峰。

（九）右弼——土形加金形山峰，雙山峰並連，亦是一平一圓，基本上與左輔星沒有分別，只是在穴位或在「帝座」上看去，分別在於青龍方或白虎方而矣。

左輔及右弼星其中一個是屬於金形峰，若並連之另一山峰是土不土，金不金形的話，在五行中，就是屬於水形，因兩圓金形星，相連而成水星。

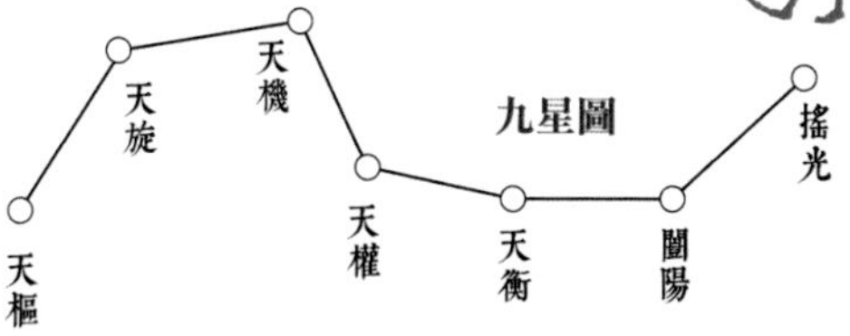

九星圖

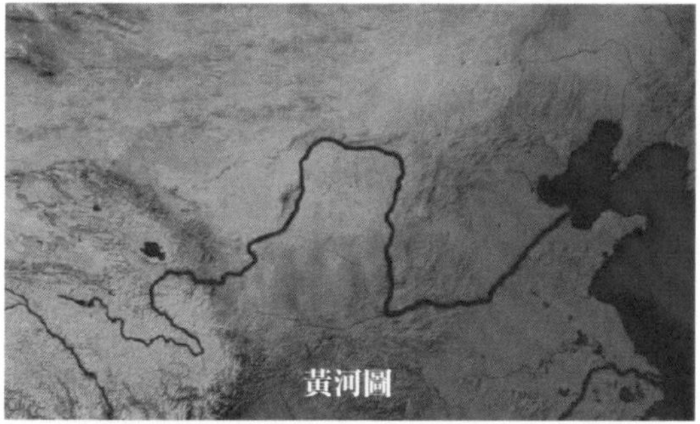
黃河圖

「上相」指帝座主位的青龍方內層山峰為「左輔星」，屬金土形。

「次相」指帝座主位的青龍方外層山峰為「右弼星」屬土金形。

「破軍」金形星及「祿存」土形星之山峰為帝座之護砂，「廉貞」火形星峰在帝座之「次將」位置，即帝座之白虎外砂。

「文曲」水形星峰在帝座之後方守護。

「巨門」土形星峰與「貪狼」木形星峰，可作為「帝座」之後靠父母山峰。

「武曲」金形星峰最為尊貴，故又稱為「極星」。

「三垣」即環繞帝都之後靠山嶺、青龍方及白虎方的三面山脈，而垣局羅城山脈內各有垣局內之守護星峰，所有星峰皆向內朝，表示有情守護著帝座，所有星峰皆以帝座為尊。

《說》星辰備具入垣行。奇奇怪怪合天象。

繼大師註：「星辰」指各種類形的山峰，它們都是垣局山脈、山嶺或山丘的一份子，雖然山峰奇怪，但都合乎天象的原則，就是有一個中心點，所有的星辰山峰都圍繞著它。

《經》垣星本不許人知。若不明言恐世迷。只到京師君便識。重重外衛內垣低。

繼大師註：垣局山峰的秘密，本應是不許被一般人知道的，但楊公認為，不說清楚，恐怕世人不明白而有疑惑。他並說出，只要到達京師，「京師」指是唐朝的首都長安，今西安，後唐首都洛陽，楊公活於後唐，故此處「京師」是指洛陽。一到洛陽便會看見有重重在外方守衛的山脈，外高而內垣山脈低。

《傳》我到京師驗前說。帝垣果有星羅列。南北雖短東西長。東華水繞西華岡。水從闕門復朝入。九曲九回朝帝闕。前星儼若在南上。

繼大師註：唐朝首都為長安（今陝西西安），並設有東都洛陽（後唐首都），北都晉陽等，稱為「陪都」。

楊公自言曾到京師，証明他在前段所說洛陽的帝都格局，洛陽帝都垣局果然有各種山峰羅列四週。如天象三垣，即「紫微垣、太微垣及天市垣」。

南北兩方較短，東西兩方較長，東面有水流圍繞著西面的山崗，又有水從垣局之門口，屈曲多次而朝入垣局內。此處是指洛陽南方「龍門」，有伊河朝入洛陽，相傳是大禹治水時把山脈開鑿而成「龍門」，它在洛陽的正南方而來，又有洛河由西南向東北行，水流朝入洛陽，洛陽南方有龍門山脈，故洛陽前方向南是收伊水的逆水生氣。

當楊筠松地師給曾文辿及廖禹等徒弟們點地定居時，楊公找到了江西興國縣 —梅窖鎮 — 三僚村定居，筆者繼大師於己巳年（1989）及癸巳年（2013）分別到三僚村考察，發覺其地理環境及方向，與當時的洛陽市很相似，亦是南北短，東西長，三僚村與洛陽市同是坐南朝北，右倒左水（水由西向東流），垣局一大一小，垣局形式相同。

「闕」（音缺）是指中國古代設置在宮殿、城垣、陵墓、祠廟大門兩側，故稱為「闕門」，即左右有建築物的牆壁作守護，標示地位尊崇，指的是皇宮。

洛陽西南面是秦嶺向東北方的分支山脈，中間有陸渾水庫，水流流向東北方，經伊川縣，然後北上龍門鎮，大禹治水時，將龍門山脈開鑿，水流連接伊河，洛陽西北面有洛河，由西南向東北方而流，伊河與洛河相夾洛陽市，東行滙入黃河。

據筆者繼大師研究所得，洛陽市為秦嶺東行主脈分出東北支脈所結之都會，伊河與洛河西行至岳灘鎮與偃師市（偃音掩）之間地方，合而為一，成為「伊洛河」，流向東北方，經山化鄉、康店鎮、河洛鎮而滙入黃河。

相傳洛河有神龜，龜背有圖像顯示，為「洛書」，伏羲氏時代，有龍馬出河，於是畫以八卦，謂之「河圖」，中國所有玄學術數均出自易經，而易經以「河圖、洛書」為始祖，故洛河是一條非常神祕傳奇的古老河流。

洛河發源於華山的西南部陝西省洛南洛源，水流向東流入河南省，於鞏（音拱）義入黃河，全長共 420 公里。洛河邊的城市有盧氏、洛寧、宜陽、洛陽、偃（音掩）師、鞏義等。

伊河是中國黃河南岸洛水支流之一，發源於河南省洛陽市欒（音聯）川縣陶灣鎮，流經嵩縣、伊川，穿伊闕而入洛陽，由東北方流至偃（音掩）師市與岳灘鎮之間與洛水匯合成伊洛河，伊河全長 368 公里。

《傳》周召到此觀天象。上了南岡望北岡。聖人卜宅分陰陽。北岡峙立天門上。分作長垣在兩傍。

繼大師註：周武王（姬發）約公元前 1046 年在「鎬京」（鎬音稿）定都（今之洛陽），國號為西周，定都三年後駕崩。

楊公說周武王在洛陽之南面山脈（龍門之兩旁山脈）去堪察北面，又走到洛陽北面山崗處堪察南面地勢，洛陽中間有一條洛河，水由西南（坤）向東北（艮）流，中間頗濶，兩端較窄，把南北兩岸分開，形成南北短，東西長。

現時貼著洛陽之東面為趙家莊，南方龍門為伊河之來水口方，洛陽遠靠北面山脈，後有黃河，再北有太行山南面山脈，又有洛河與伊河相夾，是秦嶺東北方支脈所結之垣局都會。

《傳》垣上兩邊十五個。兩垣夾帝中央坐。要識垣中有帝星。皇都坐定甚分明。

繼大師註：楊公說洛陽南北兩邊共有十五個山峰，夾著中央是皇城帝座，皇都的位置很清楚。

現時的洛陽市中心是子山午向，北、西、及南方，均有照星拱夾，唯獨東面是平地，很遠始有山，東面近方欠缺山峰。前方南面是伊河橫水由西南向東北而去，後方是洛河亦向東北斜橫而去，皇城西面有腰果形水池，南面前方有正方形水池。

《經》君如要識左輔宿。凡入皇都辨垣局。重重圍繞八九重。九重之外尤重複。

繼大師註：楊公説，學風水之人，要懂得左輔星，即金土形雙峰並列的山峰，入到首都要分清楚其垣局，要三閉一空，山脈要重重關鎖。

洛陽市之地脈由秦嶺西向東面來，接近八百公里長，四百公里厚，到熊耳山山脈為來龍祖山，北面有黃河，整個山西省之高地為靠山，南面有伏牛山山脈，由西北向東南方行，再南去是湖北，三閉方是北、西、南，一空方在東面，為去水方，至嵩山山脈為下關砂，山脈由登封市至鄭州市，約一百公里，可謂下關重重。

《傳》重山複嶺看輔星。高山頂上幞（幞音伏）（與「袱」同）**頭橫。低處恰如千官入。戴弁**（弁音便，古代貴族的一種帽子。）**横班如覆笠。仔細看來真不同。應是為垣皆富局。**

繼大師註：大凡輔星，即是土形山，為倉庫山，又名財星，主財帛。高山平頂上又有突出的小平頂山峰，為幞頭。經云：「土星似幞頭。家富出公候」。低處如千個官員環列，又穿朝廷服裝及戴官帽，細心去看是很特別的，應該是帝王之富貴垣局。

《説》要知此星名侍衛。入到垣中最為貴。東華西華門水橫。水外四圍立峰位。此是垣前執法星。卻分左右為兵衛。

繼大師註：洛陽有洛、伊二水雙夾，由西南向東北方去，垣局中之四圍有山峰出現，前方左右手有山峰並立，像守護的士兵一樣，此名「執法星」，楊公認為是垣局中最好的格局。

《經》方正之垣號太微。垣有四門號天市。紫微垣外前後門。華蓋三台前後衛。

繼大師註：大凡垣局是正方形，名「太微垣」。若垣局中其羅城週圍有四個缺口，名曰「天市垣」。垣局中其後靠前後有兩層華蓋三台，即後方是大山大嶺，嶺上中間有三個山峰，中峰高，左右峰略低，位於垣局中的正後方，又垣局之前方外面，出現兩層橫臥略矮之山脈，分別出現不同位置的缺口，即水口也，此等稱為紫微垣局。

《傳》中有過水名御溝。抱城屈曲中間流。紫微垣內星辰足。

繼大師註：紫微垣中間有水流經過，名「御溝」，且抱城屈曲，正如洛河在洛陽之北面屈曲抱城一樣，紫微垣局內又有足夠的山丘圍繞。

《傳》天市太微少全局。朝迎未必皆真形。朝海拱辰勢如簇。千山萬水皆入朝。入到懷中九回曲。

繼大師註：天市垣及太微垣是很少有周全之局，它是朝迎之山，其山形未必真的像九星正形之山峰那樣，有如海一般的大水來朝，拱著水口的北辰，北辰即出現在水口處的大石山，其朝拱的氣勢如旗幟簇擁，水流源遠流長，入到垣局內有九曲之水形，非常有情的格局。

《說》入垣輔弼形微細。隱隱微微在平地。左衛右衛星旁羅。輔在垣中為近侍。

繼大師註：楊公形容洛陽帝都有輔弼土金形山丘，隱隱微微出現在平地上，左右有護衛的山丘星辰在羅星之旁，「羅星」即是水口旁邊的小石山或小山丘，關截出水口內的生氣，土金形之輔星山丘，出現在垣局之中如帝座之近身侍衛一樣。

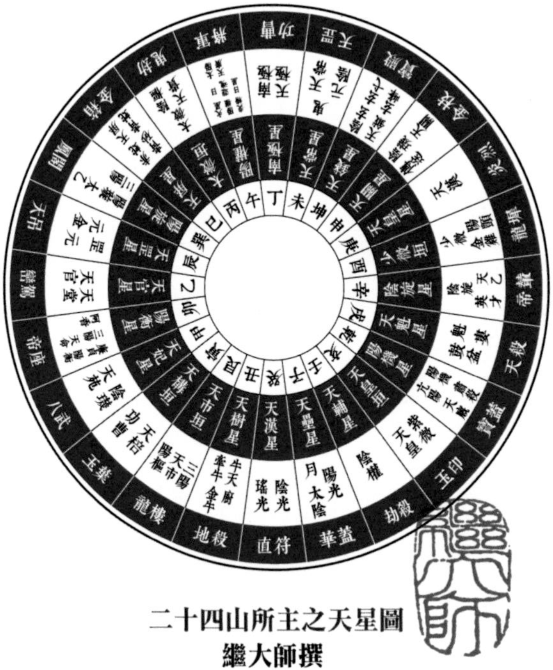

二十四山所主之天星圖
繼大師撰
己亥季冬

《經》此星萬里不得一。此龍不許時人識。識得之時不用藏。留與皇朝鎮家國。

繼大師註：接上文說，此種星丘如在萬里長的平地上並不容易看見，此等之龍，並非一般時師能懂得，在有識之士眼前，此龍自然顯露，此龍留與皇者去管治國家。

《經》大抵山形雖在地。地有精光屬星次。體魄在地光在天。識得星光真精藝。

繼大師註：各種山川地形雖在地上，若有城市結地垣局，則有地氣的光彩在其中，其間所出現的星丘丘陵則屬次之。有好結作之地形，自然有豐厚的地氣，識得觀此地勢，真是得到上乘精華的風水技藝。

《經》橫城寬抱有垣星。

繼大師註：垣星指洛陽市四週的守護山脈及山峰，其地形是南北短，東西長，垣星出現於洛陽市的北、西及南，至東面五十公里近登封市以北約廿五公里處，始有山脈圍繞，山脈的出現，一直至開封市及陳留，約一百三十多公里濶。

《傳》長垣便是橫朝班。局心便是明堂山。鉤鈐垂腳向垣口。北面重重尊聖顏。

繼大師註：「長垣」指洛陽市地勢是長形，垣局是向橫朝的，市之西南面是洛河來水方，申方來水，寅方去水，東面長，堂局中心前朝南面龍門的山脈，便是明堂山，為洛陽市的來龍方，伊河及洛河中間有大山脈，由丁方而來，一過龍門，便是平地，當年大禹治水，鑿開龍門，引伊水入洛水而出黃河。

「鉤鈐垂腳」指洛河之形象，剛好在洛陽的申方去寅方，那節略為S形的水流是特別濶的，洛陽市背靠此節傾斜S形那節的洛河，筆者繼大師認為它是為了改做風水的原故而開鑿，令它特別寬濶。

「向垣口」指洛陽　坐北向南，南方正是伊河出龍門的缺口。洛陽市以北約四十公里近孟津，是黃河從西向東而去所經過的地方，以北是太行山山脈，及山西省的太岳山山脈，再北是呂梁山山脈，北面可謂千山重重，守護洛陽市。

《經》更以三垣論交結。

繼大師註：以三種垣局去論城市的結作，三垣是：紫微垣、太微垣及天市垣。

《傳》橫城水遶太微勢。直朝射入紫垣氣。百源來聚天市垣。一水抱曲是天園。更有天苑內無潤。卻有大水環三邊。

繼大師註：太微垣是橫城而有水環繞。紫微垣是逆水局，後有華蓋三台之大靠山，垣局中間有屈曲抱城的水流流經，名「御溝」，即如洛陽市。

天市垣的城市是很多支水流滙入大水流，城市收其水聚之逆水局，如香港收珠江、西江的支流、東江等，各支流之水經虎門出伶仃洋，再經南海、馬灣海峽、藍巴海峽到維多利亞港。

天市垣局或水流聚於一大湖上而城市收之，名「水聚天心」，如坎培拉市（Canberra），有Lake Burley Griffin湖聚於中心內。

「天園」垣局是有一水流屈曲而抱，如山西省忻（忻音欣，同「欣」字。）州市之河曲縣。

「天苑」內無水流，但卻有大小水流環抱三邊，如合肥市是也。

在各種垣局之中，就只有紫微垣、太微垣及天市垣內有帝座，即垣局中心的陽宅正結位置，是局中所結之陽居穴位。

《經》交結多時垣氣深。

繼大師註：若結一城市垣局，則生氣必凝聚而深厚。

《傳》洛陽宛然是紫微。河中河曲皆天市。關中亦是天苑星。伊洛亦合是天肆。

繼大師註：楊公說洛陽市是紫微垣局，河中及河曲市皆是天市垣局。

河曲位於今山西省忻（音欣）州市之河曲縣，取黃河千里一曲之義，流水有一曲，則生氣凝聚矣。

河中市位於洛陽市之西約一百公里處，北面背靠大山脈，有多條水流由西向東橫過，環繞河中市之後相滙，然後作數次的大屈曲，再流去洛陽市中心而滙入洛河。

關中（現時之西安市、銅川市、寶雞市、咸陽市、渭南市等一帶地方。）亦是像合肥市一樣，有大水在三邊環繞，是天苑星之垣局。

伊河及洛河兩水相交處（今之洛陽偃（音掩）師市），楊公說是合「天肆」垣局。

《說》京師華蓋是前星。東京三水入中庭。

繼大師註：京師指「長安」又稱「西京」，今之西安，「華蓋」是指垣局的後靠山，「前星」是指垣局前方的山峰，為什麼楊公說：「華蓋是前星」，豈不是有矛盾。

原來，長安市的來龍由秦嶺之北面而來，秦嶺潤二百公里，長八百公里，由西向東行，它的北面是長安市，長安市坐北向南，剛好逆朝來龍祖山，它正對終南山，秦嶺祖山是華蓋，以祖山作前朝之星峰，故說「華蓋是前星」。

東京即東漢都「洛陽」，三水即：伊河、洛河及澠（音成，可讀敏、免。）河。指三條河在洛陽兩旁夾著，由申方向寅方流去。由於伊河、洛河夾著洛陽市那段河域兩水還未相會，故曰「中庭」。

《傳》燕山最高象天市。天津碣石轉抱縈。

繼大師註：燕山即燕京，今之北京一帶範圍，楊公說它是天市垣局，北京有永定河，河水走東南巽方，經天津市出渤海。

碣石指碣石山，其南面近山腳平地處是昌黎市，以南約二十五公里，有一水名灤（音聯）河，由西北向東流出渤海，兩水相夾，順弓之勢環抱著一片大地，而碣石山剛好在北京市的正東面約二百三十公里，作遠方的青龍守護山脈。

《說》太行之東有天市。馬耳峰上有侍衛。

繼大師註：太行山之東面有天市垣局，那裡有很多城市，其中比較大的有開封，全市是平地，是北宋朝代的首都，遠靠北面之黃河，內有南北兩個小湖，中間有支流相連，是一般的城市，筆者繼大師認為它雖然出名，但談不上是天市垣局。

又比較出名是曲阜，有兩條屈曲的主流由東向西流，夾著曲阜，又有多條支流圍繞及相連，是天市垣局。

太行山之東面比較大些的城市是濟南，黃河為靠，南部有山脈分佈及圍繞，有小湖及支水在其中，是水聚之地，是個大城市，可稱得上為天市垣局。

筆者繼大師不知楊公所指太行山之東的天市垣局是指那一埠，廖平地師說是北京，但其位置非在太行山之東，而在太行山之東北偏北。

馬耳峰山脈上有山峰羅列作侍衛，馬耳峰在雲南近大理之下關以西之大山脈。

《經》交結少時垣氣泄。

繼大師註：城市之垣局山脈少，未曾完全包裹著整個垣局，令局中生氣易走泄，生氣不週全也。

《傳》長江環外有三結。三結垣前水中列。中垣已是帝王州。只是城垣氣多洩。海門環合似天市。天目天池生侍衛。萬里飛騰垣外挹。海外諸峰補垣氣。

繼大師註：楊公說，近長江尾段範圍一帶，結有三個城市垣局，以金陵（今南京）、鎮江，常州為較大的城市。

其中「南京」垣局已經可以作為一個皇朝的首都，但楊公認為南京垣局之下關砂不夠，水口砂朝外而無情，生氣洩漏，故明朝永樂皇帝由南京應天府搬去北京定都。

長江出口有「海門市」，位於崇明島西北端對岸約五公里處，似是天市垣局。

「臨安市」即現時的杭州市以西約五十公里，是五代時期吳越和南宋的首都城市。

杭州市以西約七十五公里有天目山，山上有兩個水池名天池，像天之目，故名天目山，即是「天目天池」，作為杭州臨安垣局之侍衛山脈。

楊公又認為城市垣局生氣多洩，唯有靠海外島嶼諸山峰補垣局之氣，此即指舟山群島。

《說》盛衰長短固有時。亦是山川積氣司。略舉諸垣與君說。更有難言誰得知。

繼大師註：一個城市的盛衰長短固然有它的時運，亦是山川地勢所形成，楊公粗略舉出諸垣局局例，還有更深層次的垣局，難以說明。

《經》請從垣外論九星。北斗星宮係幾名。貪巨武星並輔弼。祿文廉破地中行。

繼大師註：楊公說，可從城市垣局外的山巒去認定九星星峰屬何種類。北斗星宮九星之峰名是：貪狼、巨門、祿存、文曲、廉貞、武曲、破軍、左輔、右弼。

若垣局來龍及四週的山脈多及脈厚，吉峰多，則垣局清貴。

《傳》九星人言有三吉。三吉之餘有輔弼。不知星曜定錙銖（音支朱）**。禍福之門教君識。**

繼大師註：九星中之三吉是：貪狼、巨門、武曲，加上左輔及右弼為五吉。

一般來說，四凶星是：祿存、文曲、廉貞及破軍。

但筆者繼大師認為，劉若谷先生著《千金賦》云：「砂不論形而論情。」最為重要，以山之有情無情來定吉凶。

九星之吉凶星形，是決定城市垣局之吉凶。

錙銖 —— 音支朱，古代貨幣單位，以重量定其價值。筆者繼大師認為其意思是說，用九星之吉凶，去推算城市垣局未來之富貴禍福。

《經》尋龍望氣先尋脈。雲霓多生是龍脊。春夏之交與二分。夜向雲霓生處覓。

繼大師註：無論是尋城市垣局或尋龍點穴，點出陽宅或陰宅，首先要懂得尋真龍真脈。

定出真脈的方法，其左右必須要有護從之脈作保護，以真脈為中心，真脈是星峰磊落，脈中個個山峰互相連接，由高而下，有剝換變化，脈由粗頑向下變化成幼嫩，有時擺動起伏等。

若要尋行龍的祖山山脈，要在高處尋，龍的行龍山脈脈脊高，表示龍本身夠大夠厚，落脈若有結穴，必是大富大貴之龍。

大凡高山山脈所發出的龍脈最為貴厚，亦以火形尖峰作祖山為貴，出權貴之穴必定需要火形尖峰作祖山，山高則常常有雲霧生起，常有雲霧的山則必定高聳。

故筆者繼大師認為楊公教人，在春分、夏至、秋分之間，傍晚有彩霞出現在附近的山脈，去尋出行龍的祖山。

《傳》雲霓先生絕高頂。此是龍樓寶殿定。大脊微微雲自生。霧氣如多反難證。

繼大師註：有雲霓生起之山，多是絕高之頂，大凡「龍樓寶殿」，在絕高之山頂上，出現略濶平頂石山，平頂石山上，又出現多個火形石山尖峰，作為來龍的祖山，此種祖山稱為「龍樓」，平頂形為「寶殿」，為極貴之祖山。

由於山峰群很高，所以其祖山來龍山脊常有雲霧，霧氣多反而很難看清楚其真面目。

《說》先尋霧氣識正龍。卻望枝龍觀遠應。因就正龍行腳處。認取破祿中間行。

繼大師註：首先找出雲霧集中的高山山峰，峰頂之下，看其落脈，找出主脈，其兩旁必有護脈守護。

正龍所行經之處，認取是否有破軍金形山峰及祿存（繼大師註：祿存為不規則的土形山峰）在其中間出現。

識得正龍後，找出其落脈將盡之處，脈之山腳附近，看看是否再生出山峰，若有星峰，必須在星峰之下要開面，即是星峰中間有主脈發出，兩旁有左右護脈兜抱。

主脈盡處出現平托，左右脈包過平托，則主脈盡處便是的穴之處，穴前有內龍虎砂，砂之外有平地作中明堂，中明堂盡有橫列之案山，案山外有廣大之平地作外明堂，明堂外有群山作羅城環繞，此種格局，必是大地無疑。

繼大師註《垣局篇》完

（十三）《垣局篇》跋——繼大師註解後記

繼大師

風水祖師楊筠松所寫此《垣局篇》，內容提及的地方城市，就是他當年生活年代的活動範圍之一，以後唐首都洛陽為例，用天上星垣名稱，去表達出城市垣局的地貌，不懂之人，以為真的是看天上的星辰，去找出地下的帝都。

繼大師認為其實不然，這全是勘察山川地勢的風水巒頭功夫，加上方位及方向，又借九星名諱，去形容山峰形貌。

以當時的交通工具，很難想像到楊公如何去記憶這樣大片山川土地的形勢，此點真令筆者繼大師非常佩服。

楊公不直接說明垣局城市結作的原則，他用：

（一）「紫微垣」——國家首都大城市。

（二）「太微垣」——權力及經濟大城市。

（三）「天市垣」——純發展經濟的大城市。

（四）「天園」——較小的城市，以水流屈曲而經過所凝聚生氣的城市。

（五）「天苑」—在平地上以三面水流所圍繞而結作的經濟城市。

其實，各種不同結作的城市，都有其共同之原則，就是如晉、郭璞先生著《葬書》內所說：

「風水之法。得水為上。藏風次之。」

以上各種垣局，都是標準式的，更有各種類形結合在其中，今人有人造衛星，如大地的天眼，使地勢瞭如指掌，方便掌握，易於勘察，但其功夫必須得明師心傳口授，此是大天機，國家興旺的秘密。

筆者繼大師非常感嘆，現時尚未完全掌握，有待時日，讀者現今可略知一二，作為參考。

繼大師寫於香港明性洞天　癸巳仲冬吉日註

甲午季春吉日重修

乙未季冬再次整理

（十四）河流對首都城市的影響（出書版）

繼大師

一個國家的衰盛，都有其獨特的地理環境，尤其是國家首都城市，可以說得上是天生自然，一切都有定局。首都城市除了看其來龍山脈長短之外，水流的長短及它的迎朝都非常重要。郭璞著**《葬書》**云：**「得水為上。藏風次之。」**

如洛陽市為隋唐大運河的中心城市，傳説大禹治水其間，曾鑿穿龍門山脈，引伊水穿過龍門，洛陽就是逆收龍門伊水的後唐首都城市。在廖平註解楊筠松著**《廖註撼龍經》**（武陵出版社，第15頁）云：**「直朝射入紫垣氣。」**

就是指洛陽帝都收得伊水逆水水流，楊公認為洛陽是紫微垣局，是帝都的結局。筆者繼大師認為一個國家的重要城市，無論是經濟中心或權力統治中心，一定要收得逆水。若然河道水流修改或加建，影響國運至大，水流若是走離首都城市，又沒有砂脈關鎖水流生氣，稍一不慎，國家興亡全在此。

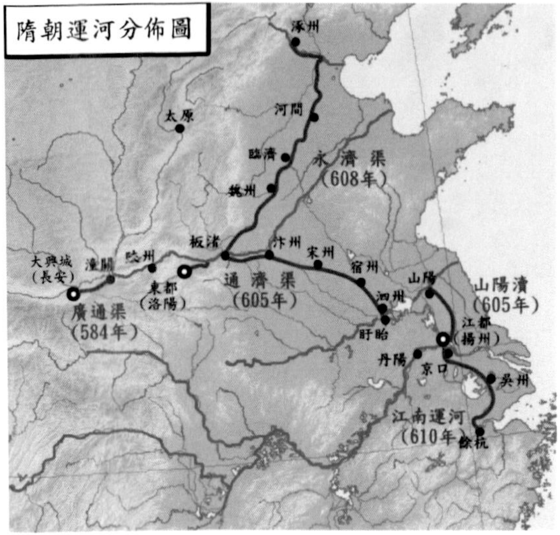

隋代首都在洛陽，開鑿運河作水路運輸，由江南一直到京城洛陽，自公元584至610年，隨煬帝建運河，開鑿西安的廣通渠，山東臨清北上至河北涿郡的永濟渠，江蘇清江的通濟渠和山陽瀆，連接江蘇鎮江和浙江杭州的江南運河到達江都、餘杭等地。

隋煬帝（公元569－618年）於公元604年8月登基，於公元618年亡，公元619年王世充廢楊侗，自立為帝。隋煬帝在開鑿運河完成後八年便亡國，不知是否與開鑿運河有關而影響國運。

據繼大師瞭解，風水是會輪流轉的，接着就是唐朝，首都遷到長安，為政治中心，洛陽為陪都，是經濟和文化中心。

（繼大師註：長安即現今之西安市，又名：「京兆、鎬京、西京。」鎬京的遺址位於今西安市長安區斗門街以北，西安曾是西周的政治中心，周武王滅商後，定都鎬京。）

公元904年唐朝首都由長安遷往洛陽，稱為「後唐」，為政治中心。公元907年，朱温奪權，取代了唐哀宗的皇位，唐代遷都洛陽後三年便亡國，不過在此之前已醞釀動蕩。由公元618至907年間，共統治了289年，多於半個大三元元運19年。

（繼大師註：三元元運的計算方法，以270年為半個大三元元運，540年為一個大三元元運。）

長安即現今的西安市，市中心以南約20公里是長安區，整個城市逆收南面午方秦嶺的終南山山脈，漢朝和唐朝都曾經建都於長安，是中國歷史上最強盛的時代，它的首都歷史地位長達八百多年。於1998年6月25日，美國總統比爾・克林頓（Bill Clinton）訪問中國，第一站就是西安。

西安的來龍，原自西來之秦嶺，由東向西行，發源於喀喇崑崙山山脈。初段龍脈至甘肅省中部，結蘭州市，然後東行，連接秦嶺，秦嶺長八百公里，濶四百公里，起出太白山，高 3767.2 米，為秦嶺主峰，是漢水和渭水的分水嶺，是陝西省的第一高峰。在選擇首都上，西安在統治上，比洛陽更為優勝。

（繼大師註：崑崙山為漢族神話中象徵世界的中心，是仙王瑤池金母仙境之地。古代稱為「蔥嶺」。在《西河舊事》所說：「其山高大。上生蔥。」因而得名，位置在亞洲中部，於中國、塔吉克和阿富汗的邊境處，最高峰為中國境內的公格爾山，高 7649 米。）

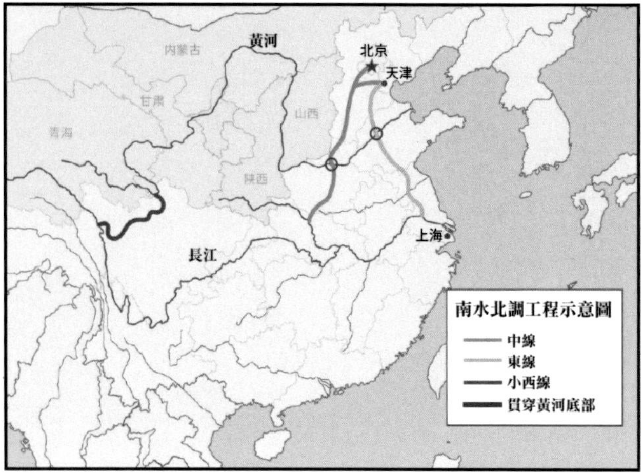

在廿一世紀的中國北方，食水資源長期不足，近代專家研究了數十年，終於在 1995 年達成了「南水北調」的工程計劃，定為東、西、中三條線路，水路由南至北上，分別從長江流域範圍調水，同年東線工程啟動，次年（1996 年）中線工程開工。

南水北調工程通過三條調水線路，連接長江、黃河、淮河和海河四大江河，分三個階段實施，為期50年規劃，逐步增加調水量，至 2050 年計劃每年調水將達到 448 億立方米。

東線工程從揚州處抽調長江水，加建河道與京杭運河平行而逐級抽調江水北上，連接洪澤湖、駱馬湖、南四湖、東平湖以作蓄水，以調節北上的輸水，設立 13 梯級泵站，用 160 台大型水泵泵水。水道貫穿黃河到天津，另一水路向東輸水到膠東半島，東線工程達十年，已於 2013 年 10 月正式通水。

中線工程是從位於長江支流漢江上游的丹江口水庫引水，從河南南陽的淅川陶岔渠首閘出水，沿途跨越長江、淮河、黃河、海河四大流域，經漢江中上游、華北地區之河南、河北，至北京頤和園團城湖，全長 1277 公里。由於避免黃河淤土的阻礙，在黃河底部

中線工程貫穿黃河底部

北京頤和園團城湖

開鑿兩條長4.25公里的隧道輸水北上，建設專用的自流方式供水渠道，沿途供水，於2014年12月正式通水，工程歷時九年完成。

西線工程主要是在長江上游通天河、支流雅礱江和大渡河上游築壩建庫，開鑿穿過長江與黃河的分水嶺巴顏喀拉山（5266米高）的輸水隧道，調長江水入黃河上游，巴顏喀拉山脈是長江與黃河上游起源流域的分水嶺，等於將長江與黃河上游連接起來，打通了中國兩大水系的經脈。

生氣凝聚圖

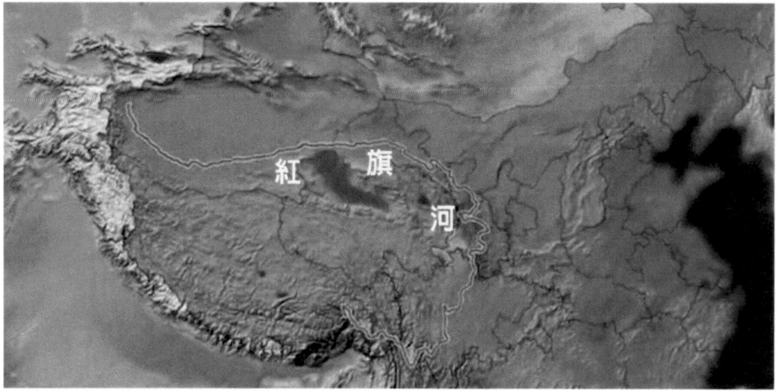

雖然南水北調會帶來很多問題，如水位淹沒沿岸地區，湖北、河南兩省約三十多萬居民需要搬遷及轉變謀生方式，重新分配耕地，政府支付搬遷、土地、房屋等各項補償款項等。

但是建造人工水道及河道輸入食水而作南水北調，三條水道全部入於北京頤和園團城湖，無意之中暗合風水，這真的是：**「得水為上」**。這裡面還有一個風水上的秘密，秦樗里子著**《風水口義》**（《珍藏古本堪輿秘笈奇書》士林出版社，第685頁。）云：

「生氣之乘。視風水之來去。水去則風來。水來則風去。風來凶。水來吉。」

通常一千公里以上的水流，已足夠結一個首都的城市，更何況三條水道分別一同往北京去。這秘密就是：

「生氣之乘。……水來則風去。……水來吉。」

筆者繼大師解釋其意思是：「若要能夠得到生氣之凝聚，使該地方發旺的話，必須得到水來，水來則生氣聚結，使風去而不散去生氣，氣聚則吉祥而發旺。」

筆者繼大師認為若然中國首都仍然在北京，將來還未遷都的話，這意味着中國未來一定會成為世界上一個強大的國家，國運昌隆，身為中國人也感到驕傲！

另外有紅旗河工程，構思是從雅魯藏布江中游開始，沿著青藏高原的邊沿，接通中國大江大河上游，全程自流，輸水至寧夏、甘肅、內蒙古、新疆等缺水地區。預計年調水量 600 億立方米，相當於黃河的年徑流量。

同時西藏與近鄰國邊界附近又建了四百多個堤壩水庫，蓄水發電，儲蓄水利資源，把大量水流生氣關鎖着，生氣凝聚則財生，意味着未來西藏地區將會逐漸富有起來。不過紅旗河隱藏着一個很大的天機秘密，有好有壞，一言難盡，會影響中國未來國運。

中國修造這種種水道、河流、堤壩的建造，令人興奮，未來中國人的財富均勻發展，減少貧富懸殊，人民收入增加，國民富強，國運無可限量，領導世界，指日可待。

河流不單只對首都城市影響深遠，對於整個世界的所有國家地區都有影響，這河流風水之力，非同小可，這是《易經河圖》的一句「天生一水」，萬物依水而生，生命之源，由此開始，亦依水而滅，存亡在水，若能掌握大地水法，吉凶禍福，全在心中矣。

《本篇完》

後記

繼大師

一般人學習風水，不論陰陽二宅，應先從山川形勢下手，再學陽居室內風水設計，配合方位、方向，最後學習陰宅祖墳的點地功夫，有了基礎，就可以進一步學習大都會陽宅風水的學問。

好的風水，以得地氣為上，若學會點地功夫，將點地的原理，運用在廣大的土地上，就是大都會的選址。現代人有GPS及北斗衛星定位，從高德或谷歌（GOOGLE）高空看著大地，以點穴的方法，去鑑証大都會的選址，當你具備了這樣的功夫之後，令你驚嘆的是，歷代的名城古都，原來是在大山大嶺地脈的穴位上，原理與陰宅點地功夫，完全一樣，只不過將穴位放大數千萬倍吧！

國家首都的選址，唐代楊筠松風水祖師稱之為「軍州」，以「紫微垣局」為帝都的代表，坐北向南，中有水流，稱為「御溝」，垣局之中有「帝座」，即是現代國家元首的辦公地方，為都會中的「心中心」地方，在古代被視為「不可說」的秘密，能夠懂得這些東西，都被視為「國師之材」。

筆者繼大師自嘆不如，本人風水學問，未能達到如此境界，所以不惴鄙陋，拋磚引玉，寫此**《大都會風水秘典》**，祈望有識之士指正，不勝為荷。

另外，為了使大都會風水內容更加詳盡，筆者繼大師續寫了《大陽居風水秘典》，內容有：城市垣局釋義、城市在風水規劃上的原則、陰陽二宅的福力比較、陽居三格、村落另類的結作、陽居及祠堂擇地法、陽居的地形選擇、陽居房屋種類、開門法、拱門、照壁、人造文昌塔樓及日城、月城、八卦城的另類城市設計，分析香港沙田梅子林村，加上一篇〈宗教廟宇風水與國家盛衰的關係〉。

此兩本秘典同看，定能窺看大陽居風水的全貌，祈望能夠利益大眾，不僅只給現代人看，更是寫給未來學風水的人看，祈願中華風水文化得以延續下去。此兩本秘典值得收藏。

繼大師寫於香港明性洞天
乙未年仲冬吉日
庚子年六月重修

榮光園有限公司出版有：
繼大師著作目錄

正五行擇日系列
1《正五行擇日精義初階》
2《正五行擇日精義中階》

風水巒頭系列
3《龍法精義初階》
4《龍法精義高階》

正五行擇日系列
5《正五行擇日精義進階》
6《正五行擇日秘法心要》
7《紫白精義全書初階》
8《紫白精義全書高階》
（附《紫白原本錄要》及八宅詳解）
9《正五行擇日精義高階》
（附日課精解）
10《擇日風水問答錄》

風水巒頭系列
11《砂法精義一》
12《砂法精義二》

擇日風水系列
13《擇日風水尅應》

風水文章系列
14《風水謬論辨正》

風水巒頭系列
15《大都會風水秘典》
16《大陽居風水秘典》

風水古籍註解系列
17《三元地理辨惑》馬泰青著
（繼大師標點校對）
18《三元地理辨惑白話真解》馬泰青著
（繼大師意譯及註解）

未出版：

大地遊踪系列

19《大地墳穴風水》
20《風水秘義》
21《風水靈穴釋義》
22《香港風水穴地》
23《中國廟宇風水》
24《香港廟宇風水》
25《港澳廟宇風水》
26《廟宇風水傳奇》
27《大地風水遊踪》
28《大地風水神異》
29《大地風水傳奇》

風水古籍註解系列

30《青烏經暨風水口義釋義註譯》
31《管號詩括暨葬書釋義註解》
32《管氏指蒙雜錄釋義註解》
33《千金賦說文圖解註解》
34《雪心賦圖文解義》（全四冊）（繼大師註解）

三元易盤卦理系列

35《地理辨正疏》（線裝書系列）
黃石公傳　赤松子述義　楊筠松著
曾求己著　蔣大鴻註及傳　姜垚註
張心言疏　繼大師註解
36《三元地理命卦精解》（線裝書系列）
37《地理辦正精華錄》（線裝書系列）

風水明師史傳系列

38《風水祖師蔣大鴻史傳》（線裝書系列）
39《三元易盤風水地師呂克明傳》（線裝書系列）

榮光園有限公司出版

新書預告（將於二〇二二年底出版）

三元易盤卦理系列

《地理辨正疏》繼大師註解（線裝書系列）

黃石公傳　赤松子述義　楊筠松著

曾求己著　蔣大鴻註及傳　姜垚註

張心言疏　繼大師註解

《地理辨正精華錄》繼大師著（線裝書系列）

風水巒頭系列 — 大都會風水秘典

出版社 ： 榮光園有限公司 Wing Kwong Yuen Limited
香港新界葵涌大連排道35-41號, 金基工業大廈12字樓D室
Flat D, 12/F, Gold King Industrial Building,
35-41 Tai Lin Pai Road, Kwai Chung, N.T., Hong Kong
電話 ： (852) 6850 1109
電郵 ： wingkwongyuen@gmail.com

發行 ： 聯合新零售(香港)有限公司 SUP RETAIL (HONG KONG) LIMITED
地址 ： 香港新界荃灣德士古道220 ~ 248號荃灣工業中心16樓
16/F, Tsuen Wan Industrial Centre, 220-248 Texaco Road, Tsuen Wan, NT, Hong Kong
電話 ： (852) 2150 2100
電郵 ： info@suplogistics.com.hk

印刷 ： 榮光園有限公司 Wing Kwong Yuen Limited
作者 ： 繼大師
電郵 ： masterskaitai@gmail.com
網誌 ： kaitaimasters.blogspot.hk

版次 ： 2021年7月 第一次版
定價 ： HK$368

版權所有 不得翻印

978-988-79095-4-5

ISBN 978-988-79095-4-5